OSSANZU
ROPPO

おっさんずポロポロ六法

NAOKI
MATSUZAWA

元インディユニオン
執行副委員長
松沢直樹
［著］

JUN
YAMAGISHI

弁護士
山岸純
［監修］

飛鳥新社

おっさんたちよ、法律というサバイバルツールを手に入れよ

社会はもう、あなたを守ってくれない

——会社では上司と部下との間で板ばさみ。妻からは「離婚したい」と責められ、子どもといえば、いじめを受けて不登校寸前。はぁ……つらい。

こんなふうに嘆く人を見かけると、私は正直、イライラして仕方がない。**少しでも法律を知っていれば、身に降りかかるトラブルを振り払うことができるのに、されるがままになっている人があまりにも多い**からだ。

ひと昔前までは、サラリーマンの処世術の最たるものは、右から左に受け流すことだった。ひたすら上司に頭を下げ、部下や家族からの要求は巧妙にはぐらかす。これで世の中を渡り、定年まで勤め上げることができた。

だがいまは違う。会社も家庭も、無防備であれば食い物にされるだけ。もはや、どちらもあなたを守ってくれる存在ではないのだ。

最近、会社に十分な利益をもたらしているのに、クビになった社員の話をよく耳にするようになった。二言目には「それ、パワハラです」と上司を脅す悪質な部下の話も、毎日のように聞いている。

家庭も同様だ。いわゆる「子どものケンカ」だったものがモンスターペアレントからの嫌がらせに発展し、妻とわが子から解決を求めて責められている、というのはめずらしい話でもない。

　こんな理不尽な連中に、人としての常識を前提にした「事なかれ主義」が通じるだろうか?

　私はそうは思わない。話が通じない相手には、相応の対応をしなければ、あなたがさらに被害をこうむることになる。自分の身は自分で守らなければならない時代なのだ。では、どう対応すればいいのか?

　答えは「相手に負けない闘い方」をすることである。

　そのうち、もっとも効果的なものが、法的対応を取ることなのだ。

「話せばわかる」ではあなたが食われる

　「裁判沙汰」という言葉があるくらいだ。法的対応というと、「弁護士を雇って大がかりなもめごとを解決すること」をイメージする人が大半だろう。

　実は、逆である。**法的対応というのは、あなたひとりで簡単にできるものが大半**なのだ。

　たとえば、内容証明郵便を送ることも立派な法的対応だ。労働基準監督署の総合労働相談コーナーやハローワークの雇用保険適用課に足を運ぶのも、法務省の人権擁護委員に相談するのも、もちろん法的対応である。

　私は最近までインディユニオンという労働組合の副委員長を務めていて、さまざまな相談にのってきた。**書類1枚書いてもらったり、公的機関へ電話してもらうだけで、窮地に陥った仲間が救われていく**様を、私は何度も見てきた。

　問題が小さいうちに、こうした法的対応を取ることによって、ほとんどのトラブルは芽のうちに摘まれていく。「裁判沙汰」になってしまうのは、問題が小さなうちに適切な

対応をしなかったからだ。

　法律を知り、問題が小さいうちに法的対応を取れるかどうか。この一点で、あなたがこの世知辛い社会をサバイバルできるかが決まると言っても、言い過ぎではないと思う。**仮に法的対応を取らずに妥協するとしても、いざ戦えば勝てるとわかっていれば、気持ちも楽になる**だろう。

　法律は一見とっつきにくいが、仕組みを知って上手に活用できれば悩みを一掃してくれるばかりか、驚くほど自分を有利にすることができる。自分では手に負えない場合は、弁護士という優秀な専門家があなたをサポートしようと待ち構えていてくれる。

　本書は、そんな法律の素人たるあなたが遭遇しやすい事例を中心に、トラブルを避ける方法と、万が一トラブルに発展した際の対処方法について書いている。

　今現在、なんらかのトラブルに遭遇しているのなら、すぐに該当するページをめくってほしい。法律に無知なままでいることは、猛獣が待ち構えるサバンナを丸腰で歩くようなものだからだ。

　今のところトラブルとは無縁という人も、身を守る方法を身につけてほしい。天災と同じく、トラブルも忘れたころにやってくる。必ずや、本書はあなたの役に立つ防衛ツールとなるはずだ。

暴力に給与未払い……　「カイシャ」は無法地帯

　役職者や経営者の読者にも、本書は役立つことを約束しよう。なぜなら、日本は経営側で働く人を保護する法体系になっていないからだ。

　経営者のセーフティネットはないに等しいし、「これくらい大丈夫だろう」という考えが、命とりのトラブルにつながりかねない。

　そもそも日本の会社は、法律違反へ

の意識があまりにも低い。

　サービス残業とはつまり、社員に支払うべき代金を公然と踏み倒しているわけである。小学生でも100円のお菓子を万引きすれば逮捕されることくらい知っている。だが、**会社という空間では、100円どころか、数十万円の賃金が支払われなくても「人のものを盗んでいる」とはされない**のだ。

　暴力行為も同じである。見ず知らずの人を殴ったり恫喝したりすれば問答無用で警察に逮捕される。

　ところが会社の中では、公然と暴力行為が行われていても罪に問われることは少ない。これは憲法28条で、会社内のことは労働組合を作って解決するよう自治権が与えられているためだと見ている。

　しかし、SNSがこれだけ発展した現代で、法律違反を続けることはリスクが高すぎる。常に法律を意識し、また法律に基づいて社員に接しなければ、一度のミスで企業価値が暴落しかねない。

　社員の読者は、法律を知っているだけで会社の中での立ち回りが有利になるだろう。たとえばあなたが残業続きだったとして、労働基準法を知っていることを上司や人事部にほのめかせば、彼らをけん制できる。

　会社が無法地帯なのであれば、あなたが法を持ち込めばいいのだ。

「法の下の平等」という言葉の本当の意味

　偉そうに書き連ねてしまったが、私自身も法律トラブルに巻き込まれて眠れないほどつらい思いをしたことがある。

　自分が書いたとある記事をめぐって、民事事件で訴えられたときのことだ。「東京地方裁判所」とでかでかと書かれた封筒に入った訴状が特別送

達で届いたときには、目の前が真っ暗になった。当時の私は、法的知識がないに等しかった。

私が書いた記事で迷惑をこうむったので、その弁償として金銭をいくら請求するという趣旨の訴訟である。民事事件なので、逮捕・収監されることはない。にもかかわらず、私は本気で恐れ、怯えていた。裁判所から届いた「訴状」の書面には、私の名前の前に「被告」と書かれていたから無理もないのだが（ちなみに刑事罰を科される刑事事件の場合は被告人と記載される）。

あわてて現在までの経緯を資料にまとめ、弁護士に相談した。私は自分の無知を恥じたのだが、その時聞いた話が強く記憶に残っている。

「松沢さんね、学生の時に社会科で『法の下の平等』って勉強したでしょ？

法の下の平等ってのは、法律は誰に対しても平等に作ってるんだから、知ろうとしないオマエが悪いっていう意味なんだよ──」と。

何度思い出しても、まさにそのとおりだと思う。

法律を知らない人は、損をするだけなのだ。本書をぜひともフル活用していただきたい。あなたの人生をよりよく、より穏やかなものにする「頼みの杖」としていただければ、これに勝る喜びはない。

松沢直樹

CONTENTS

PART 4

社内の不正

不正の黙認は違法
通報しなければ
あなたも危うい

生活トラブル

PART 5

日常生活にひそむトラブルは
刑務所直結案件多数

PART 1 雇用トラブル

ビクビクするな
会社はあなたを
クビにはできない

実はヒラ社員ほど強権を持っている
だから経営側も、法律知識は欠かせない

　サラリーマン生活で最も恐ろしいのは、「クビ」と「倒産」だろう。ひどい会社になると、「追い出し部屋」なる部屋にリストラ候補の社員を集め、退職に同意するまで閉じ込めることもめずらしくない。

　会社の言うとおり、クビを受け入れるしかないのだろうか？

　早合点は禁物だ。実は法律的には、ヒラ社員ほど法律で手厚く保護されている。**いきなりリストラを突きつけられても、あなたが法律を盾に戦えば、基本的に会社側は折れるしかない。**

　にもかかわらず、世間にリストラの嵐が吹き荒れているのは、会社員がヒラ社員に与えられた強権について知らないからである。

　会社が社員をクビにするにはきわめて厳しい法律の縛りがある。ごく一部のケースを除いては、会社はあなたを一方的にクビにできない。

　会社が倒産したときも、ヒラ社員は手厚く保護されている。専門機関に紙一枚出すだけで、給料と退職金の８割は国が立て替えてくれるし、雇用保険もすぐに支給される。

　本章を一読してもらえれば、将来の不安を感じながら働く必要はなくなるだろう。

　反対に経営側のあなたは、常に法律を意識した行動が必要だ。2020年からは改正労働施策総合推進法、いわゆるパワハラ防止法が施行された（中小企業は2022年から施行）。これまで曖昧だったパワハラの定義が法律的に明確になったのだ。経営側にとっても、何をしたら「アウト」なのかが明示されたという点で朗報といえよう。

01 会社はオレに 退職してほしいようだ

【 労働基準法 第20条 】 社員をクビにする場合、30日前に予告するか、予告を行わない場合は解雇予告手当を払わなければならない

【 労働契約法 第16条 】 解雇の濫用を防止する法律。誰が見てもやむをえないと考えられる場合を除いて解雇は無効とする

「大災害」「倒産寸前」「社員の犯罪」を除き基本的に会社は社員をクビにできない

　——まさか、オレがリストラのターゲットにされるとは。それなりの結果は出しているのに、倉庫へ異動させられ、さらに「たいした仕事をしていないから減給する」とか言われる始末。いっそ辞めてしまいたいが、家族がいるから仕事を失うわけにもいかない。オレは一体、どうなっちゃうの……？

　これは、とある業績不振の大企業で実際にあった話である。

　結論からいうと、もちろん違法。会社はあなたをクビにできない。

　法律では、次のように規定されている。

　■ 労働基準法第20条

　使用者は、労働者を解雇しようとする場合においては、少くとも三十日前にその予告をしなければならない。三十日前に予告をしない使用者は、三十日分以上の平均賃金を支払わなければならない。但し、天災事変その他やむを得ない事由のために事業の継続が不可能となった場合又は労働者の責に帰すべき事由に基いて解雇する場合においては、この限りでない。

　つまり、**会社が社員を解雇できるのは社員が犯罪を犯して有罪判決を受けるなど、解雇に相当することをやってしまった場合ぐらい**。あるいは東日本大震災のような大規模災害などで、今の状態では事業の継続はとても不可能といった特殊な事情下にあるときぐらいである。それ以外は、きわめて厳密な法律の縛りがあるのだ。

　でも上記第20条に従えば、30日前に解雇すると告げさえすれば、会社は自由にクビを切ることができるのでは？

　そこには、別に縛りがあるのだ。

会社が出す書類には絶対に署名するな！

以下のような規制がある。

■ **労働契約法第16条**

解雇は、客観的に合理的な理由を欠き、社会通念上相当であると認められない場合は、その権利を濫用したものとして、無効とする。

つまり大災害で会社の継続ができなくなった場合や、倒産のとき、あるいはあなたが犯罪を犯したときのように、誰が見ても「それじゃ解雇も仕方ないよね」というような理由がなければ、解雇はできない──。つまり社員の解雇はきわめて難しいのだ。

にもかかわらず多くの人が「リストラされた」と口にするのは、会社が不当に解雇したことに対して異議を唱えないか、法律を知らないままに、退職に同意する用紙に署名したりしたからだ。

実際のところ、「このまま解雇されると退職金がもらえなくなるが、退職に同意してもらえれば退職金はもらえる」などとデタラメで言いくるめ、社員を自発的な退職に追い込む会社はめずらしくない。

だから会社からクビをちらつかされたら、会社側からの書類には絶対にサインしてはいけない。嫌がらせをされるようなら、記録をとっておき、弁護士や労働基準監督署に会社側を処罰できないか相談すべきだ。会社に残る場合は、嫌がらせを継続的に阻止する必要がある。

こうした場合には労働組合を頼ろう。労働組合には団体交渉権といって、会社側の代表を話し合いの席に強制的につかせる権利が与えられている。えてして退職に追い込むために嫌がらせを実行する会社は、社内に労働組合がないことが多い。全労や全労連（221ページ）など、外部の交渉力に長けた労働組合に参加するのがベストだろう。

「クビ」という言葉にビビリは無用

いかに社員をクビにするのが難しいか、おわかりいただけただろうか？

極端なことを言ってしまえば、**「クビにするならやってみろ！」というくらいの心構でいて差し支えない**のだ。

仮に合法的にクビにされても、会社都合での解雇なら、すぐに雇用保険が支給される。自発的に退職した場合、雇用保険は、退職後3ヵ月から支給となるから、会社側からの退職勧奨に応じるメリットはない。

働く人は、実は法律で手厚く守られている。にもかかわらず法律を知らなかったり冷静な判断を保てなかったりすると、会社側の策略にはまって退職に同意してしまうことがありうる。

退職に同意しなくても、働くうえでデメリットは生じないし、あとで詳しく説明するパワハラ防止法をはじめとした法律で会社からの嫌がらせを止めさせることだってできるのだ。慎重に会社と交渉してほしい。

もちろん、弁護士や労働基準監督署、外部の労働組合に必要に応じて助けを求めることも大事だ。特に法律を守る意識がない幹部が多い場合、長期戦になることが多い。仲間を味方につける方法としては外部の労働組合に加盟する方法が手軽だが、同じように解雇トラブルに巻き込まれている社員どうしで労働組合を結成し、会社と対抗するという方法もある。

ここがPOINT！

- ☐ 会社は簡単にクビにはできない
- ☐ 会社は巧妙に退職を勧めてくる。応じてはならない。特に書類を渡されたらワナだと思え
- ☐ 会社からの嫌がらせは、パワハラ防止法ほかで対処できることが多い。弁護士や労働基準監督署へ
- ☐ 長期戦に備えて、労働組合に加盟するか、同じような社員どうしで労働組合を結成するのがベスト

この法律で身を守れ！

【 労働基準法
　第20条 】 社員をクビにする場合、30日前に予告するか、予告を行わない場合は、解雇予告手当を払わなければならない

【 労働契約法
　第16条 】 解雇の濫用を防止する法律。誰が見てもやむをえないと考えられる場合を除いて解雇は無効とする

合法とされるリストラはほとんどない
証拠を集めて戦えば撤回させることも可能

——上層部は退職届にサインをしろとしか言わない。そして、ついに会社から「明日からオマエの席はないから出社しなくていい」とクビとの通告が。会社がここまで強気ということは、勝算があるのでは？　本当にクビを回避できるの……？

018ページでも説明したが、会社が解雇を合法的に行えるのは、業績不振で会社が倒産しかけているなど、誰が見てもやむをえない場合だけだ。

かくいう私自身、労働組合にいた当時、トラブルに巻き込まれた仲間のサポートに回った経験が何度もある。だが、**合法と判断されるリストラは数えるほどしか見たことがない**。つまり、一時的な業績不振に焦った会社が短絡的にリストラに走っている場合がほとんどなのだ。

まずは自分が会社からされていることを、きちんと記録しよう。会社は第三者からすれば密室だ。**あなたの言い分が正しくても、証拠がなければ会社の違法行為を追及することはできない**。

具体的には、以下のようなものを収集しよう。

- **上司から解雇を迫られた際の録音データ**
- **会社側から渡された書類**（コピーや、スマホで撮った写真でもよい）
- **上司とのやりとりの記録**（何月何日、何を言われたかをできるだけ詳細に記録しておく）

ここまで証拠資料をそろえておけば、完璧だ。

実際に会社と戦うには、3つの方法がある。①弁護士に相談する、②労働基準監督署に通報する、③労働組合に加盟して戦うの3つである。

「弁護士」「労働基準監督署」「労働組合」を上手に使いこなそう

　解雇トラブルに限らず、会社でなにがしかのトラブルに巻き込まれたとき、弁護士・労働基準監督署・労働組合のいずれかに相談すれば解決に向かう。だが、やはりそれぞれメリットとデメリットがある。

　①**最強だがコスト高の「弁護士」**

　弁護士は基本的にどのような問題でも介入できる。だから、労働法に強い弁護士に相談するのがベストであるのは間違いない。

　デメリットは法律相談や具体的に対処してもらうためには**費用がかかる**ところ。最初から最後まで面倒を見てもらうなら、80万円程度はかかると思っておいたほうがいい。

　②**無料だが時間がかかる「労働基準監督署」**

　労働基準監督署は、労働問題の警察官としての権利も与えられている。

　法律に違反している行為が発生している場合は、会社に対してにらみをきかせることができる。**もちろん無料**。

　デメリットは労働基準監督官は慢性的な人手不足で、**援助を申し出ても時間がかかることが多い**。

　③**無料だがはずれもある「労働組合」**

　労働組合は日本国憲法第28条で権利を保障された団体で、会社の代表を話し合いの席につかせたり（団体交渉権という）、会社の仕事を一時的に放棄する権利を持つ。

　２名以上の社員がいれば簡単に設立できるうえに、問題解決後も会社ににらみをきかせることができるため、問題が再燃する可能性が低いというメリットがある。**もちろん無料**だ。

デメリットは、労働法を熟知していない、あるいは経験が浅い組合の場合は、会社に振り回されたあげく、解雇を押し切られてしまうリスクがある点だ。

任せきりにせず、使える手はなんでも使え

このように、会社となんらかのトラブルが生じた場合には、弁護士、労働基準監督署、労働組合のいずれかに相談すれば解決の糸口がつかめる。

かなりの確率で、解雇の撤回や慰謝料など、なんからの成果が得られるだろう。

覚えておきたいのは、**弁護士にすべて任せられる場合を除いて、基本的には自分が主体的に動く必要がある**という点だ。理不尽な解雇は違法であることが多いが、自分からなんらかのアクションを起こさないと助けてもらえない。

それを前提に、より有利にわが身を守るにはどうすればいいのか――？

3つすべてをフルに活用するのだ。高コストの弁護士には最初に「具体的にどのような方法で会社の違法行為を追及するべきか」を教えてもらい、その後で無料の労働基準監督署に相談して、動いてもらおう。

時間がかかりそうならば、労働組合に相談して会社と交渉する。その場合は、自分が主体的に動くという姿勢が特に重要になってくる。労働組合は互助組織で、基本的にあなたをお客さん扱いしてはくれないからだ。

とにかく、使えるものはなんでも使うことが、解決に導くための近道だ。

ここがPOINT!

- [x] 労働法に強い弁護士に依頼するのがベストだが、他にも方法はある
- [x] 「弁護士」「労働基準監督署」「労働組合」にはそれぞれメリット・デメリットがある
- [x] 自分が主体的に動くことが大事（弁護士にすべて委任する場合を除く）

03 | 仲間をクビに
するのはつらいよ

【 労働基準法 第20条 】	社員をクビにする場合、30日前に予告するか、予告を行わない場合は解雇予告手当を払わなければならない
【 労働契約法 第16条 】	解雇の濫用を防止する法律。誰が見てもやむをえないと考えられる場合を除いて解雇は無効とする
【 公益通報者 保護法 】	会社や社員が行っている違法行為を行政機関等へ通報した者の社会的身分を保護する

解雇を告げたあなたが訴えられることも
退職に同意してくれるよう説得するしかない

――仲間にクビを宣告しなければならない。リストラ候補の社員の中には、オレと同期のヤツもいるんだぜ。恨まれるのは必至だよなあ……。なんとかならないんだろうか？

　すでに何度も説明しているが、大事なことなのでもう一度強調したい。

　日本の法律は、社員がとんでもないことをやらかしたとき以外は、社員の解雇については法律の縛りが恐ろしく厳しい。

　たとえば会社が傾いていて、銀行からもカネが借りられない。そんなふうに誰が見てもリストラ以外に会社を立て直す方法がない場合以外は、解雇は認められないのだ。**認められる場合にも、解雇する社員の順番まで違法性がないか調べられる。つまり上から仲間を解雇しろという命令に素直に従っていると、あなたのクビが危うくなることもある**のだ。

　もし、会社があきらかに違法に解雇を行っているようなら、労働基準監督署などへ通報したほうが身のためだ。

　現代は人材難の時代である。会社が一時的な資金難などで安易に社員を切り捨てていけば、中長期的に見て会社が立ち行かなくなってしまう。

　もちろん、リストラで人件費を減らせば、経営が楽になるだろう。だが、いざ人手が欲しくなったときに、即戦力となる人材はそう簡単にはつかまらない。仮に採用できたとしても、今いる社員以上の給料は必須だろう。結局、コストが増えてしまうのだ。

　ちなみに、会社の違法行為を"チクった"場合でも、公益通報者保護法に基づいてあなたの社会的立場は守られる。自分の将来のポストや退職金を確保する意味でも、内部通報者制度で自分が通報者だと知られないようにしながら、上の横暴に釘を刺すことを検討したほうがよいだろう。

それでもクビを通告することを選んだら、最後は人間力が勝負を決める

それでも上司に従ってクビを告げる立場を選ぶなら、仕方ない。

結論からいえば、あなたの人間力が今後の立場を左右するだろう。

法的には解雇できないことがほとんどだから、退職に同意してもらうしかない。当然相手は反発するだろうから、相手の心情も汲み取りつつ、退職を検討してくれるよう説得する必要がある。たとえばこんな方法だ。

■ まずは会社の内情を正直に話す

私自身、かつて労働組合で解雇を告げられた人の相談を多数請け負ってきた。会社と闘争の姿勢を見せる人は、「解雇されて生活が困る」といった現実的な問題よりも、「会社から不要と言われたことが納得できない」ことに私怨をたぎらせていることが多い。

つまり、いきなり解雇を告げられて、あたかも「オマエには存在価値がない」と言われたように錯覚して怒りをたぎらせているのだ。

話し合いの席についてもらうには、怒りを鎮めてもらうしかない。有効なのが、会社の内情を正直に話すことだ。つまり、「経営が危い。面倒なことにならないうちにこの会社から逃げたほうがよい」と説明し、「リストラはむしろ本人のため」というような話し方をすべきだ。

■ 同じ目線に降りて「貸し」を作る

当然、一度や二度では話を聞こうともしないだろう。だが、会社と交渉して具体的な転職のサポートを行ってあげたりすれば、「会社の内情を正直に話してくれて、立場もあるのにここまでやってくれている。この人の顔を潰すわけにはいかない」と考えが変わってくることもめずらしくない。つまり、心理的「貸し」を作るわけだ。

態度が軟化してきたら、タイミングを見計らい、退職に同意してもらう書面に署名捺印をもらうのは言うまでもないだろう。

こじれた元社員が会社の脅威になることも

「会社の指示で解雇を告げるだけなのに、そんなめんどくさいことをしなきゃいけないのか」。そう思われた人もいるかもしれない。

そのとおりだが、雑な対応をすれば、私怨をたぎらせ、矛先があなたに向かうことがある。**実際、会社ではなく、解雇を告げた本人が訴えられたケースも、労働組合時代に何度も見てきた。**

また、私怨をたぎらせたまま解雇された社員がライバル企業や元請に再就職、大口顧客を奪われたり、取引を止められたりということも私はよく耳にした。

つらい仕事だが、視点を変えよう。

リストラは、人生の酸いも甘いも噛み分けたおっさん世代だからこそできる仕事なのだ。

会社側につこうと決めたなら、腹をくくって人間力を発揮していただきたい。当然のことながら、リストラ候補者の数だけ対処の方法は異なるはず。場合によっては、再就職の斡旋といった行動を起こさないといけない場合も出てくるだろう。

解雇される人に対してきめ細やかな心のケアを行いながら、伝えるべきはきちんと伝える。そんなやさしさの芯の強さが要求されよう。

ここがPOINT!

☑ 会社が違法な解雇を行っているなら、公益通報者保護制度を利用して会社を訴えて自分を守ることもできる

☑ 会社側の立場になってリストラを行うなら、法律の重みを理解すること。現在の法律では、よほど特別なことがない限り解雇できない

☑ 事実上、合法的にリストラを行うなら退職同意を求め、自主退職を促す方法しかない。おっさんならではの人間力を発揮して修羅場を乗り切るべし!

転職したいのに
辞めさせてくれません

ほんとですか!?

会社なんてタバコの百倍
カンタンにやめられるぞ…

この法律で身を守れ！

【 労働基準法 第16条 】　労働者への賠償予定を課す行為の禁止

【 民法 627条第1項 】　期間を定めない雇用の場合は2週間で退職可能

【 民法 627条第3項 】　年俸制で働いている場合は3ヵ月前の通告で退職可能

【 民法 626,628条 】　期間を定めた契約（契約社員）は、原則として期限まで退職不可。ただし、最初の契約から5年以上が経過している場合や、会社側の違法行為などがある場合は、ただちに退職できる

内容証明郵便で退職届を出せば
受け取った時点で受理される

——給料がいい職場に転職が決まった。上司に退職を申し出たら「退職は認めない！」の一点張り。それどころか、「オマエが辞めて出た赤字は、訴訟を起こしてでも払ってもらうからな！」と、あからさまな恫喝をしかけてきた。オレ、会社の赤字を補填しなければいけないの……？

安心してほしい。こういった脅しは無視してよい。

実はサラリーマンには、会社のいうことを聞いて身体と時間を提供するだけの責任しかない。退職した後に会社が傾こうが、一切責任は負わなくてよいのだ。法律では、会社員の責任をこう限定している。

■ 労働基準法第16条

使用者は、労働契約の不履行について違約金を定め、又は損害賠償額を予定する契約をしてはならない。

つまり、「退職したら罰金とか、あなたが退職したことで生じた損害を賠償請求してはいけない」と、はっきりと規定しているのだ。**うるさい上司をガン無視して堂々と退職してしまおう。**

ただし、退職を申し出てこじれるような会社なら、退職届を内容証明郵便で出すことをお勧めする。

内容証明郵便とは、誰がいつどのような内容の手紙を出したかを、郵便局が証明してくれるものだ。日本郵便のホームページを参考にして、規定の文字数に収まる退職届を3通用意し、郵便局へ持ち込もう。日付入りのスタンプを押して、うち1通は郵便局で保管してくれるので、会社側は退職届を受け取っていないと言い逃れができなくなる。

ちなみに、内容証明郵便で退職届を提出すると、会社側が受け取った時点で退職届が受理されたことになる。

会社を辞めるのは簡単なのだ。

正社員は2週間で脱出可能
年俸制・契約社員は会社の違法行為を探せ

気をつけてほしいのは、退職のタイミングだ。以下を知っておこう。

▪ 民法627条1項

当事者が雇用の期間を定めなかったときは、各当事者はいつでも解約の申入れをすることができる。

この場合は退職届を提出してから、2週間後に雇用契約が終了する。

▪ 民法627条3項

6ヵ月以上の期間によって報酬を定めた場合には、解約の申入れは、3ヵ月前にしなければならない。

ただし、年俸制で働いている人は条件が少し厳しい。年俸制で6ヵ月以上の契約の場合は、3ヵ月前までに退職を申し出る必要がある。

▪ 民法626条1項

雇用の期間が5年を超え、又はその終期が不確定であるときは、当事者の一方は、5年を経過した後、いつでも契約の解除をすることができる。

もっとも注意しなければならないのは、契約社員として働いている人が契約の途中で退職を考える場合だ。契約社員が最初の契約から5年以上経過していない場合、原則として契約期限まで退職できない。

▪ 民法628条

当事者が雇用の期間を定めた場合であっても、やむを得ない事由があるときは、各当事者は、直ちに契約の解除をすることができる。この場合において、その事由が当事者の一方の過失によって生じたものであるときは、相手方に対して損害賠償の責任を負う。

この条文にもあるように、やむを得ないと認められる事由があるときは契約の解除、つまり退職が成立する。たとえば賃金の未払い、違法残業、パワハラなどがあった場合は問題なく退職できる。きちんと記録しておき、「違法行為が行われているので、民法628条に基づいて退職したい」と内

容証明郵便で通告すれば一件落着だ。

強引に退職しても告訴されるケースはまれ

　契約社員や年俸制社員のあなたは、「すぐに退職はできないのか」と落胆しているかもしれない。

　実際のところ、私が労働組合でいろいろなケースを見てきた経験では、**前述の方法で強引に退職しても、会社側が訴えてくるケースはまれ**だった。訴訟費用は相当な金額になるし、裁判で勝ったとしても、思うような損害賠償が取れないことを、会社側はよく知っているからだろう。

　繰り返しになるが、民法628条の中に規定されている「やむを得ない事由」とは、明確にはどのようなことかは規定されていない。何かしら理由をつけられれば、通用する可能性がある。

　たとえば、**①退職を相談したら恫喝された、②仕事の報酬の評価が正当でなく契約どおりではない、③常に暴言を吐かれるなど不要な叱責が日常茶飯事的に行われ仕事を継続できる環境ではない、**などだ。

　退職を考えているわけだから、なにがしかの不満に思うことが必ずあるはずだ。それを仕事が継続できない理由としてこじつけてしまおう。

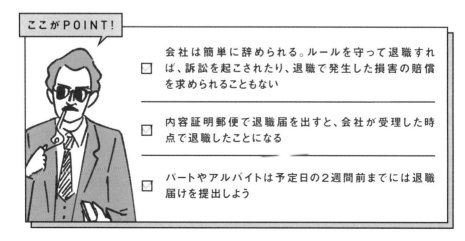

ここがPOINT!

- 会社は簡単に辞められる。ルールを守って退職すれば、訴訟を起こされたり、退職で発生した損害の賠償を求められることもない

- 内容証明郵便で退職届を出すと、会社が受理した時点で退職したことになる

- パートやアルバイトは予定日の2週間前までには退職届けを提出しよう

05 辞めるのは仕方ないが 何か仕返ししたい

もう終わりにしてやるよ

お前もな！

【 刑事訴訟法 第230条 】 犯罪行為により被害を受けた人が告訴をする権利を定める

【 刑事訴訟法 第241条 】 口頭または書面で警察官・検察官に告訴できることを保障する

最後に会社の違法行為を暴いて
刑事告訴するもよし

——とうとうクビを宣告された。さっさと辞めて次を探そうと思うけど、腹の虫がおさまらない。会社に一発かましてやる方法はないものか……？

会社の違法行為を労働基準監督署に刑事告訴するとよい。

　方法も簡単だ。告訴状は自分で作ることもできる。たとえば会社が行っている、「残業代を払っていない」「パワハラがひどい」などの違法行為を丹念に調べ上げ、会社の所在地を管轄する労働基準監督署に刑事告訴する。「労働基準法第●●条違反容疑で刑事告訴したい」と口頭で伝えれば、書面の告訴状がなくても対応してくれる。

　労働基準監督官は「特別司法警察職員」と言われ、労働問題の犯罪を取り締まる警察官でもあるのだ。訴え（告訴）があれば労働基準監督官は刑事訴訟法第241条に基づいて調書を作り、捜査を行った後、検察庁へ送検しなければならない。

　検察官が処罰すべきと判断すれば、会社の経営者や上司は裁判にかけられる。告訴のためにあなたから調書を取る場合があるが、別日に呼び出され2時間ほど質問されるだけだ。

　難点は、検察庁に送られるまで1年程度時間がかかること。

　会社側からすれば、忘れていたころに、いきなり検察庁から呼び出しが来て、そのまま刑事裁判にかけられるわけである。「復讐という料理は冷え切ったころが一番美味い」というフランスのことわざがある。これこそ最高の報復ではないだろうか。

　ちなみに、検察官が処罰することを決定した場合、あなたに電詁と書面で連絡がくる。余力があれば裁判所へ出かけ、かつての上司が絞られる姿を傍聴するのも悪くない。

06 会社が倒産 生活していけません

社長逃げたらしいっす…

安心しろ 金は逃げん

この法律で身を守れ！

【 雇用保険法 】 会社が倒産したり、解雇、自主退職した際に生活を保障する保険制度を定める

【 賃金の支払いの確保等 に関する法律 】 会社倒産時に、賃金および退職金の8割を、独立行政法人労働者健康安全機構が立て替えてくれる

給料の8割を国が保障してくれるし
すぐに雇用保険が下りる

――朝起きたら同僚から電話があった。会社が倒産して社長が逃げたらしい。退職金どころか、今月の給料ももらってないのに……。

こういったときに備え、国が給料を保障してくれる法律を提供していることはほとんどの人が知らないと思う。

日本には「賃金の支払の確保等に関する法律」という法律があり、会社が倒産した場合、国が給料と退職金の8割を保障してくれるのだ。

破産管財人の証明を受ける必要があるが、管轄の労働基準監督署に申し出をすれば、給料・退職金の8割を立て替えてもらえる。また、**会社が倒産した時は、会社の都合で解雇されたのと同じ扱いになり、即時に雇用保険が支払われる**。ちなみに自主退職した場合は3ヵ月後だ。

会社が倒産した場合の支払いは、会社所在地の管轄にあるハローワークの雇用保険適用課という役所になるが、この場合は労働基準監督署の証明をもらうほうが無難だ。ちなみに給料の立替制度は、会社が倒産してから2年以内に申し出ないと保障が受けられないので注意してほしい。

会社の財産が十分に残っている場合は、国に立て替えてもらった社員の「給料と退職金」の残金(2割)は最優先で支払われることとなっている。倒産後数か月ほど待つ必要があるが、残額は確実に支払われる。

ただし、例外もある。会社代表が法的整理を行わない場合(借金がある取引相手と直接交渉を行う私的整理を選択したなど)は、事実上早い者勝ちで会社の残った財産を取り合う形になってしまう。

この場合でも、事実上倒産していると労働基準監督署が判断した場合は、国が未払いの給料と退職金の8割を立て替えて支払ってもらえる。残金の2割は弁護士に回収してもらうしかないが、弁護士費用を払っても金が残るようなら回収を検討すればよい。

07 | 仕事が決まらないので生活していけません

【 生活困窮者自立支援法 】

家計がひっ迫していて、このままでは生活保護が必要になると推測される国民に対して、金銭面だけでなく生活全般について支援する

【 職業訓練の実施等による特定求職者の就職の支援に関する法律 】

就職する意思はあるが、そのままのスキルでは就職が難しいため、ハローワークが主宰する職業訓練校のプログラムを受講してスキルを高めたり、受講期間の生活費を保障する

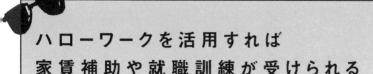

ハローワークを活用すれば
家賃補助や就職訓練が受けられる

——あまりにもひどい環境なんで、耐え切れず会社を辞めた。しかし覚悟はしていたけど、こんなに再就職先が見つからないとは……。すでに貯金も底が見えてきたから本当にヤバイ。日雇いの仕事でもしながら、なんとか切り抜けるしかないの……？

　転職活動をする際に心配になるのが生活資金だ。よく言われるように、最低数ヵ月の生活資金を確保していないと、次の内定が決まるまでに資金が尽きる可能性が高い。こういった場合、何も打つ手はないのだろうか？

　実は、いくつか打つべき手がある。

　もっとも効果的なのは、「生活困窮者自立支援法」に基づいた支援を受ける方法だ。同法は、生活保護を受けるまでの困窮ぶりではないが、そのリスクが高まった人が利用できる制度のこと。**そのひとつ「住宅確保給付金」制度は、ハローワークで休職活動することを条件に、一定期間家賃補助を行ってくれる制度**だ。

　また、会社を退職したら加入しなければならない国民健康保険の納付が一定期間猶予されたり、免除される特典もある。国民健康保険料はえてして高額なため、これは本当に助かる制度だろう。申請は、あなたが住民票を置く自治体の役所で受け付けている。

　ハローワークが提供する職業訓練制度も利用したい。就職を希望しているものの、スキルや知識不足のために就職が決まらない場合、ハローワークが指定する職業訓練講座を一定期間受講できる制度である。就職率が上がるうえに、月10万円程度の給付金制度があるので安心して転職活動を行うことができる。ただしこの制度、雇用保険（失業保険）を受給している間は給付金を受給できない。この点には注意が必要だ。

08 前の会社の顧客リスト 転職先で使っちゃおう

【 不正競争防止法 】

会社が営業上、技術上、機密情報として扱っている情報を許諾なく持ち出して、仕事に利用することはできない

【 著作権法・商標法・特許法などの知的財産権関連の法律 】

プログラムや文章・絵画などの著作物、特許庁に登録されたトレードマーク（商標）また特許法に基づいて独占利用が認められた技術や製品などは使用できない

前の会社から訴えられた場合
転職先をクビになる可能性大

――転職成功！　顧客リストのデータが手元に残ってるんだけど、このま ま使っちまおうか？　これで営業成績上位も間違いなし！　……だよね？

　よくある話だが、不正競争防止法に抵触する可能性大だ。**会社が営業上 や技術上で秘密にしている情報を許諾なく持ち出したり、そのまま流用す るとこの法律に抵触する**。ちなみに、顧客リストを不正に取得して利用 した場合は、不正競争防止法第21条1号～9号により、10年以下の懲役、 2000万円以下の罰金（両方が科せられることも）という非常に重い罪に問わ れる可能性がある。

　訴えられた場合、今の会社をクビになることは間違いないだろう。

　しかし、営業職の人から見れば、自分で開拓した懇意の顧客もあるだろ うし、なかなか線引きが難しい問題だろう。だが基本的には、前職で預かっ ていた顧客リストは使えないと考えれば間違いない。

　特に以下の条件に当てはまるものは使えないと判断するのが賢明だ。

- **秘密扱いとして会社で管理されていた情報**
- **前の会社の事業活動や、営業活動で必要とされていた情報**
- **会社が非公開にしていた情報**

　つまり、営業情報や技術情報であっても会社が公開していれば、原則と して不正競争防止法の縛りから外れることになる。ただし、ほかの法律に 抵触する可能性はある。特に名簿などは改正個人情報保護法に抵触する可 能性大だから注意が必要だ。

　このほかにも著作権法・商標法・特許法など、知らずに踏んでしまいや すい地雷はたくさんある（122ページ参照）。

　一番無難なのは、前の会社時代に入手した情報は使わないこと。必要な 場合は、許諾を取ることだ。

PART 2

給与と権利の　トラブル

成果が出なくても 1分単位で給料が 払われないと違法

仕事はてんこもり、給料は割引という
謎ルールは通用しない

　PART1では、サラリーマンなら誰もが恐れる「解雇」と「倒産」の問題について解説した。読者諸君は、想像以上に法律で保護されていることに驚いたのではないだろうか。

　実は、「給料」と「仕事の責任」についても、法律で厳格に保護されている。

　言うまでもないが、会社員というのは「カネ」を稼ぎにくい稼業だ。それなのに、なぜか日本人は賃金のことになると、ゴニョゴニョとした物言いしかしないことが多い。しかも、日本の会社は密室に等しいため、法律を守るという意識が薄れがちだ。そのため、会社側が法律に違反しても、犯罪被害に遭っていることに気づかないことが多い。

　できるだけもめごとを起こさない「事なかれ主義」もあるだろう。だが、線引きは必要である。実際のところ、給料は分単位で計算して支払うことが法律で義務付けられている。受け取る権利があるものは、きちんと請求すべきだ。

　同様のことは「仕事の責任」についても言える。多くの人が本来やらなくてもよい仕事を会社に言われるままに引き受けて、そして「仕事に押しつぶされそうだ」と嘆いている。

　日本の法律では、会社には厳しく責任を求めている。だが、**雇われて働いている大多数の人たちには、なんの責任も問わないようになっている**のだ。このことは、知識として覚えておいたほうがいい。

　本章では、サラリーマン生活で悩みの種である「賃金」と「仕事の責任」について解説する。また、転職時に使える法律や、思わぬトラブルにつながる法律の落とし穴についても触れている。

01 | 「残業代なし」が
うちの会社の方針です

残業代も
お前の頭も
足リンな…

この法律で身を守れ！

【 労働基準法
第15条 】 使用者は、労働者に対して賃金や労働条件を明示しなければ
ならない

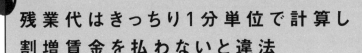

残業代はきっちり1分単位で計算し
割増賃金を払わないと違法

　——基本給は安いけど、残業代を入れたら生活費は足りそうだから転職した。なのに給料日前に「うちは残業代出ないからね」だと……？

　ブラック企業の代表的な言い分だが、これは違法。**タイムカードをコピーして労働基準監督署に駆け込むか、弁護士に相談すれば、会社側は万にひとつも勝ち目がない**。また、「残業代は15分単位」という謎ルールで残業代を払っている会社もあるが、これも違法だ。

　労働基準法第15条等では、1分単位で残業代を計算して支払わないといけないと規定されている。

　なお、残業代は、基本給を時給に直した賃金に対し以下のパーセンテージで割増賃金を支払わなければならない。休日出勤や夜勤（午後10時から午前5時）はさらに支払額が多くなる。だいたい、タクシー料金だって深夜になれば割増料金がかかる。それなのに、残業代はゼロになるというのは、誰が考えたっておかしい。

　残業代をもらっていなかったり、明らかに足りていないなら、タイムカードと給与明細を用意して労働基準監督署や弁護士事務所にGOだ！

時間外労働 （1日あたり8時間を超えて働く時間）	1ヵ月45時間以内	25パーセント以上
	1ヵ月45時間以上 もしくは 1年で360時間を超えた時	25パーセント以上 ※1
	1ヵ月60時間以内	50パーセント以上 ※2
休日労働		35パーセント以上
深夜労働（22時〜5時）		25パーセント以上

※1　現在、努力目標とされている
※2　現在、大企業のみに適用

02 「30分前出勤」という うちの会社の謎ルール

【 労働基準法
　第15条 】使用者は、労働者に対して賃金や労働条件を明示しなければ
ならない

【 最低賃金法 】労働者が無給ないし、あまりにも安価な賃金で酷使されるの
を禁止する

会社が決めた謎ルールはすべて無効
法律には絶対に勝てない

——始業時間の30分前に出社しないと遅刻扱いされるし、残業も終業後の1時間後からじゃないとカウントされない。ほかにも謎ルールが山ほどあるけど、会社側は「うちはずっとこうやってきた」「社員が自発的に出社しているだけだから」とか言っている。こんな無茶な話が通用するの？

　当然ながらこれは違法。タイムカードなどの証拠をそろえて労働基準監督署に訴えれば、会社側はもれなく処罰される。

　労働基準法第15条では、就業時間や賃金について、労働条件通知書などで働く人に明示しなければ違法だとしている。さらに労働契約法第10条では、働く人のルールを決めている就業規則を変更する場合は、社員に通知し、意見を聞かなければいけないとしているからだ。

　処罰を求められると、労働基準署は絶対に手加減しない。

　たとえば30分早く出社することが慣例になっている場合、30分間の賃金を支払っていないから労働基準法第24条に違反しているという解釈と、無給で30分働くことを強要されているから、最低賃金法に違反しているという解釈が可能だ。このように複数の法律に違反している場合、労働基準監督署は罰則が厳しく検察庁が立件しやすいほう、すなわち後者の最低賃金法違反で処罰を検討するケースが多い。

　会社を辞めるつもりなら、経営者を刑事告訴するのも手だ。会社に残るつもりなら、処罰をちらつかせ、今まで無給で働いた賃金を支払わせたのち、労働時間の是正を約束させるのが一番の方法だろう。

　こういった場合の交渉は、問題が解決後に再燃することがめずらしくない。会社ににらみをきかせられる存在である労働組合に加盟するか、社内で労働組合を立ち上げて対抗するのがベストだ。

03 強制される「自主的」な レポートやボランティア

自分の身の為に
なることだからな

あんたも
自分の身のために
強制しない方がいいぞ

この法律で身を守れ！

【 最低賃金法 】 労働者が無給ないし、あまりにも安価な賃金で酷使されるのを禁止する

【 労働基準法 第5条 】 労働者の意思に反して強制的に働かせることを禁止する。違反者は10年以下の懲役もしくは20万円以上300万円以下の罰金

内容証明郵便で「参加したくない」と伝え
最低賃金法などへの違反を問え

――社長がおかしな自己啓発にはまっていて、休みの日は社員全員セミナーに強制参加。しかも残業代や休日出勤の手当はゼロときた。社長は「みんな自由意思で参加している」の一点張り。そんなわけないじゃん。でも、参加したくないなんて言ったらクビとか言い出すのは目に見えている。なんとかなりませんかね？

　もちろん、社長のそんな言い分が通用するわけがない。

　事実上業務の一部だとみなされれば、社員を無給で働かせていることになり、最低賃金法に違反すると解釈されることが多い。また、社員の意思に反して強制的にそれらのことを行わせているなら、労働基準法第5条に違反する可能性が出てくる。同法には以下のように書かれている。

■労働基準法第5条

　使用者は、暴行、脅迫、監禁その他精神又は身体の自由を不当に拘束する手段によって、労働者の意思に反して労働を強制してはならない。

　あなた自身が、ボランティアやセミナーに参加したいとは考えておらず、そのくせ「セミナーやボランティアに参加しないと評価が下がる」と言われているようなら、この法律に違反している可能性が高い。

　解決方法としては、会社に対して内容証明などで、ボランティアやセミナーは自分の意思で参加しているわけではなく、今後参加する気はないことを伝えることだ。

　さらに、**最低賃金法違反や労働基準法第5条違反を問う**と効果的である。

　こうした場合、ひとりで反対の意思を示すのはハードルが高い。反対の意思を示す社員を募って外部の労働組合に加盟したり、もしくは社内で労働組合を立ち上げて対抗しよう。

04 | 「有給休暇なし」が うちの会社の方針です

この 法 律 で 身 を 守 れ !

【 労働基準法 第39条 】 労働者に与えられる有給休暇について規定している

いつどのような理由で有給を取っても
会社は文句を言うことができない

——今の会社は、なぜか有給を取らせてもらえない。申請があっても、「親の死に目に会いに行くくらいの理由がなければ使うもんじゃない」と突っぱねられる。繁忙期ならわかるけど、閑散期でも有給が一切とれないっておかしいよな。そもそも、こんなことが許されるの？

　結論から言えば、会社の言い分は通用しない。次のような規定がある。

　■ 労働基準法第39条
　使用者は、その雇入れの日から起算して6ヵ月間継続勤務し全労働日の8割以上出勤した労働者に対して、継続し、又は分割した10労働日の有給休暇を与えなければならない。

　働き始めて6ヵ月以上が経過し、勤務日の8割以上出勤していれば、自動的に有給休暇がもらえるということだ。もちろん、入社と同時に有給休暇を与える契約をすることもできる。

　ここで大事なのは、**有給休暇は、正社員や契約社員だけでなく、アルバイトやパートの人にも与えられる**ということだ。また、**有給休暇は労働者の権利であり、いつどのような理由で休暇をとっても会社側は文句を言うことができない**ことも覚えておこう。

「休暇」というと、会社から与えてもらうイメージが強いがそうではない。労働者は、身体と1日の時間を会社に差し出す代わりに給料をもらうため、どうしても「心身」という資本を損ねやすい。

　したがって、労働者には、決められた範囲の中で自由に休みを取る権利を与えるべきだと考えられている。有給は「権利」なのだ。よく働くためにも、堂々と有給を要求してほしい。

年間5日間は有給を取らせないと法律違反

　社員の有給休暇取得を妨害する企業には、厳しい罰則が設けられている。

　労働基準法第119条では、有給を申請しても与えなかった場合は、6ヵ月以下の懲役もしくは、30万円以下の罰金と規定されている。また、2019年4月1日からは労働者が有給を申請しなくても、年間5日間は休ませないといけないように法律が改正された。

　つまり、屁理屈をこねて従業員に有給を取らせない企業は、行政が厳しく取り締まる方向にあるわけだ。証拠をそろえ、労働基準監督署に処罰してもらうよう申請しよう。

　その際には、**①雇用契約書の控え（いつ入社したかを証明するため）、②有給を申請した証拠書類（申請用紙など）のコピー、③会社側が不当に有給申請を拒んだ証拠（録音データや印刷物、電子メールなどのコピー）**を持参して、「労働基準法第39条違反で取り締まりを行ってほしい」と労働基準監督署の窓口で申告するとよい。

　別日に呼び出されて2時間ほど調書を取られるが、経済的な負担はまったくない。**ポイントは、あなたが有給取得を希望したのに、会社が不当に拒んだことが、第三者にも客観的にわかる証拠をそろえること**だ。

　よく労働基準監督署や弁護士に相談したが、冷淡な対応だったという人がいる。このような場合、証拠をそろえられなかったため対応のしようがないケースがほとんどだ。

　繰り返しになるが、**②あなたが有給を申請した客観的な証拠**と**③の会社側が有給申請を拒んだ客観的な証拠**を意識して探してほしい。

　会社のシステムによっては、申請用紙のコピーだったり上司との会話の録音だったりするだろうが、誰が見ても会社側が不当に有給申請を拒んでいる客観的な証拠が必ず見つけられるはずだ。

覚えておきたい「告訴」と「是正申告」の違い

これまで、会社に対して処罰を求める「告訴」について何度か触れてきた。**「告訴」とは、警察沙汰にすることを求める行為**だ。実際のところ、そこまで厳しい制裁を求めたいとは思わないことも多いはず。むしろ、行政から少し厳しく指導してもらい、法律に違反する状態がおさまればそれ以上の文句は言いたくないという人も多いだろう。

033ページで、労働基準監督署は労働問題の違反を取り締まる警察官として逮捕権を与えられていると説明した。これを特別司法警察職員という。

かといって、法律に違反したすべての企業を逮捕するわけではない。

労働者が処罰を望んでいなければ、きちんと法律を守ってもらうことを目的とした指導にとどまることが多い。**このような指導を求めることを「是正申告」という**。

つまり、「労働基準法第39条違反の是正申告を求めます」とは「有給を申請しても取らせてもらえないので、労働基準監督署で厳しく指導してください」という意味になる。「告訴」なら、前述のとおり「逮捕して処罰してください」という意味になる。

役人を動かしたいなら、法律用語を使って意思を伝えなければならない。もし厳しい処罰を求めるなら、「告訴」という厳しい言葉が必要になるのだ。

ここがPOINT！

- [ ] 有給休暇取得は、会社に理由を告げる必要がなく、いつでも自由に取得できる

- [ ] 有給休暇は正社員だけでなく、アルバイトやパートの人にも与えられる

- [ ] 2019年4月1日からは、企業は労働者が有給取得を希望しなくても、最低5日は強制的に休みを取らせなければならなくなった

05 好条件で入社したのに聞いていたのと違う

北極支社？ うち不動産屋ですよね？

【 労働基準法 第15条 1 項 】 賃金や働く上で重要なことは、契約時に明示しなければならない。明示しない場合は30万円以下の罰金

【 労働基準法 第 5 条 4 項 】 解雇を含め、退職にはルールがある

【 労働基準法 第120条 】 雇用契約に関して重要な事項（絶対的明示事項）を知らせなかったり、虚偽の内容を告げたりすると会社は処罰される

【 労働契約法 】 会社が就業規則を変更するときのルールは決められている

条件通りにさせることはもちろん
示談金をしぼり取ることもできる

——好条件の転職先を見つけた。ところが出社しようとしたら、いきなり職場を変えられた。給料のゼロがひとつ足らないわ、健康保険と年金が国保と国民年金で自腹。これじゃ詐欺じゃん！

実はいくらでもひっくり返す方法がある。**法律を盾に戦えば、会社側に万にひとつの勝ち目はない**。

順を追って説明しよう。入社する際には雇用契約書を必ず交わしており、この中には給料などの諸条件を書く。その際には労働基準法第15条1項という法律で以下のことを必ず示さなければならない。これを絶対的明示事項といい、以下の13がそれだ。

1. 労働契約の期間に関する事項（正社員か、契約社員か）
2. 就業の場所・業務の内容に関する事項
3. 始業及び終業の時刻、残業の有無、休憩時間、休日、休暇並びに労働者を2組以上に分けて就業させる場合の取り決め
4. 賃金の計算及び支払いの方法、支払いの時期と昇給に関する事項
5. 退職に関する事項（解雇の事由を含む）
6. 退職手当がもらえる労働者、退職手当の決定、計算及び支払いの方法並びに退職手当の支払いの時期に関する事項
7. 臨時に支払われる賃金や、ボーナス、最低賃金額に関する事項
8. 労働者に負担させるべき食費、作業用品その他に関する事項
9. 安全及び衛生に関する事項
10. 職業訓練に関する事項
11. 災害補償及び業務外の傷病扶助に関する事項
12. 表彰及び制裁に関する事項
13. 休職に関する事項

条件が約束と違えばその場で辞めてもOK

　この絶対的明示事項だが、労働基準法施行規則第5条4項という法律によって、書面・電子メール・ファックスのいずれかで必ず通達しなければならない。ちなみにこの絶対的明示事項以外にも以下の8つの項目も併せて通達すべしと国が指導をしている。これを相対的明示事項という。

- 退職手当に関する事項
- 臨時の賃金、賞与、最低賃金額に関する事項
- 労働者に負担させるべき食費、作業用品などに関する事項
- 安全及び衛生に関する事項
- 職業訓練に関する事項
- 災害補償、業務外の傷病扶助に関する事項
- 表彰及び制裁に関する事項
- 休職に関する事項

　つまり、**少なくとも絶対的明示事項を示した書面などといった名前で渡される「労働条件通知書」をもらっていない場合は、雇用契約が無効だとして、取り消すことができる**のだ。

　さらに法律では、以下のように規定されている。

- **労働基準法第15条**

1.使用者は、労働契約の締結に際し、労働者に対して賃金、労働時間その他の労働条件を明示しなければならない。この場合において、賃金及び労働時間に関する事項その他の厚生労働省令で定める事項については、厚生労働省令で定める方法により明示しなければならない。

2.前項の規定によって明示された労働条件が事実と相違する場合においては、労働者は、即時に労働契約を解除することができる

　法律の条文は、正直言って難解なものが多い。ここまでわかりやすく書いてあるものはめずらしいのだが、それだけトラブルが多く、大事だからできるだけわかりやすく書いてあると

も推察できよう。つまり国は働いているあなたの保護を大切に考えていて、立場が不利にならないよう太鼓判を押してくれているわけだ。

処罰をちらつかせて示談するもよし、会社に居座るもよし

読者の中には、「会社が提示してきた条件で働くつもりはないが、すぐに転職もできない」と考える人もいるだろう。また、「当初の条件を約束するなら働いてもよい」と考えるケースもあるかもしれない。そんな場合にもうってつけの法律がある。

労働基準法第120条では、絶対的明示事項を通達しなかった場合は、会社代表者が30万円以下の罰金刑に処されると規定している。つまりあなたが労働基準監督署に訴えれば、会社の代表は処罰されるわけだ。

処罰の求め方も簡単である。**会社所在地を管轄する労働基準監督署へ出かけて、「労働基準法第15条違反の刑事処罰を求めます」と伝えるだけで**よい。別の日に呼ばれて2時間ほど調書を取られるだけで、こちら側の負担はほぼない。弁護士に告訴状を作ってもらえばベストだろう。

明確な法律違反が認められれば、労働基準監督署は検察庁へ書類送検を行う。そうなると、経営者は検察庁から出頭を求められ、下手するとその場で逮捕されることもありうる。**内容証明郵便などで労働基準監督署に刑事告訴すると予告すると、会社の顧問弁護士はほぼ間違いなく、あなたとの話し合いを経営者に勧めるはず**だ。

こうなればしめたものだ。交渉して転職資金を頂戴して次の会社を探すもよし、今の会社で最初の条件どおりに働くのもよしである。

ただし会社に残って働く場合は、会社側からにらまれる可能性が高い。会社側から不当な嫌がらせをされないように労働組合に入ったり、顧問弁護士をつけるなどの予防的措置は必須だろう。

入 社 後 に 就 業 規 則 を 変 え ら れ て も 心 配 無 用

　入社時には働くうえで重要な条件（絶対的明示事項）がきちんと提示されるものの、入社後に会社側が契約条件をまったく守らないケースがある。

　会社側に尋ねても、「就業規則にはそのようなことは書いてない」の一点張り。なんのことはない、あなたと契約を結んだ後に、働くルールが記された就業規則を会社側がこっそりと書き換えたのである。

　就業規則とは、職場に備え付けられているルールブックだ。

　労働基準法第106条では、会社が従業員に就業規則を周知し、必要に応じて閲覧できるようにしなければならないことになっている。こういった会社に限って就業規則が自由に閲覧できないようになっているものだが、もちろんこれは違法である。

　就業規則も自由に書き換えていいわけではない。

　労働契約法第10条では、変更内容は合理的でなければならず、また変更後の就業規則の内容が労働者に周知されていなければならないと規定されている。

　さらに労働契約法第9条では、「社員との合意なく労働条件の変更はできない」「勝手に、社員が不利益になる労働条件の変更はできない」と規定されている。これを盾にとって交渉するとよい。

　具体的には、弁護士に委任する方法、労働基準監督署に指導を求める方法、労働組合に加盟して経営者を話し合いのテーブルにつかせる方法がある。詳しくは022ページを参照してほしい。

　会社側を話し合いのテーブルにつかせることができたら、妥協できない点については納得がいくまでよく話し合うことだ。多くの場合、会社はこちらの事情を汲み取った提案をしてくることはまずないからだ。

公的機関の特権を利用すると
安くスムーズに解決できることも

　働くうえでトラブルに巻き込まれたら、まるごと弁護士に解決してもらうのもひとつの手である。

　一方で、労働基準監督署や労働組合には、弁護士にも与えられていない特権がある。

　労働基準監督署は人員不足から対応に時間がかかることが多いものの、**残業代の未払いなどについて、なかば強制的に会社に支払わせる命令（是正勧告）を出すことができる**のだ。警察としても機能する役所なので、刑事事件として処罰してほしいと望めば弁護士よりも対応が早いこともある。

　労働組合は、会社の代表を話し合いの席につかせる権利、すなわち団体交渉権を与えられている。

　しかし、弁護士が会社に対して話し合いの席につかせるには、会社側が応じない場合、裁判や労働委員会などの役所の手続きを用いるしかない。当然、費用がかかるから、交渉を途中で断念しなければならなくなることさえあるだろう。

　こうしたことも勘案すれば、まずは弁護士に相談だけ行って解決方法を確認、労働基準監督署・労働組合のそれぞれの特権を使って会社と交渉していく方法もよいやり方と言えるだろう。

ここがPOINT！

- ☐ 会社で働くための重要な条件（絶対的明示事項）は書面などで提示が求められている

- ☐ もし提示しない場合は、30万円以下の罰金になるのでこれを盾に交渉するという手も

- ☑ 就業規則を見せてくれない場合や、入社後にこっそり就業規則を変えられた場合は、法律違反。弁護士、労働基準監督署、労働組合を使って交渉しよう

06 | 悲しいほどに 給料が安すぎる

おかずも 給料も もっと あっていいはずだ

この法律で身を守れ！

【 最低賃金法 】労働者が無給ないしあまりにも安価な賃金で酷使されるのを
禁止する

東京都なら最低でも
「時給1013円」以上でないと違法

――うちの会社、最高に働きやすい環境でありがたいけど、手取り10万はちょっと……。給料を時給換算してみたら、なんと780円。東京で生活するのにこの給料じゃなあ……。

　結論からいうと、その給料は違法だ。

　各都道府県ごとに最低賃金が設けられており、時給換算してその金額を下回ると、最低賃金法で処罰される。ちなみに東京都の最低賃金は2021年現在、1013円。前出の時給は最低賃金法にモロに抵触している状態だ。全国各地の最低賃金は厚生労働省などのホームページで確認できる。疑問に感じている人はぜひ確認してみてほしい。

　給与の話はなかなか切り出しにくいものだ。会社の人間関係がよいとなればなおさらだろうが、会社は学校ではない。生活の糧を得る場所である。

　金の切れ目が縁の切れ目という言葉もある。一番守らなければならない部分だから、きちんと法律で定められた賃金を支払ってもらうべきなのだ。

　自分で交渉しにくいのなら、労働基準監督署に是正申告をするとよい。

　是正申告とは、会社が法律に違反しているので、きちんと守るように指導してほしいという申請である。労働基準監督署は労働者から最低賃金についての是正申告があれば、最低賃金法違反で経営者を指導しなければならない。**通報したのが誰かは、決して明かされることはない**。

　中には労働基準監督署から是正勧告を受けても態度を改めない企業もある。その場合は、告訴して処罰すると警告して、支払いを求めよう。その際は、給与明細とタイムカードのコピーを必ず持参してほしい。

07 ノルマ未達に未回収 オレが背負うのか

お前が背負うのは
リュックだけでいいんだ!
……

【 労働基準法 第16条 】 労働者に労働契約の不履行について違約金や賠償予定を求めることを禁止する。違反者は、6カ月以内の懲役もしくは30万円以下の罰金

どんなに仕事の結果が出ていなくても法律上肩代わりする必要はない

——売掛金の回収ノルマが達成できてないから、罰金が給料から引かれている。ただでさえ忙しいのに、罰金なんてひどすぎるよな！

　結論から言うと、仕事が達成できないからといって罰金を支払わせるのは違法。次のように規定されている。

■労働基準法第16条

**　使用者は、労働契約の不履行について違約金を定め、又は損害賠償額を予定する契約をしてはならない。**

　文字どおり、会社が命じた仕事を完遂できないからといって、罰金を取ったりしてはいけないという内容だ。さらには、**社員が故意ないし、重大な過失でトラブルを起こした時以外は、損害賠償を提起してはいけないと規定**されている。

　つまり、社員がトラブルを起こしたとしても、原因はあくまで社員を命令指揮している会社側にある。社員にはよほどの過失がない限り、責任は問うことはできないのだ。

　そもそも会社で働くということは、会社に対して時間を切り売りし、言われたとおりに作業をする契約を交わしている状態である。あくまで「働く」という契約であって、「結果を出さなければいけない」という契約ではない。

　法律を知らないことは、自分自身を苦しめることになるのだ。

　なお、会社がノルマをこなせなかった罰金として給料の一部を天引きした場合、この法令が適用できない場合でも、最低賃金法違反として対処できる可能性が出てくる。弁護士や労働基準監督署に相談してほしい。

08 通勤途中で大けが 自費診療はつらいよ

馬は労災
適用外だ
覚悟して乗れ

乗らないです

この法律で身を守れ！

【 労働者災害補償保険法 】

労働者の安全を会社が守るように義務付け、また通勤や就業中に生じたケガや事故の補償を約束する

いつものルートを守っていれば
労災として適用される

——出勤する途中、交通事故に遭った。1週間休めば仕事に復帰できるようで安心した。困ったのは医療費だ。交通事故って、健康保険が使えないんだよねえ。労災になると思うんだけど、会社は仕事中じゃないから労災は適用されないとの一点張り。自費診療で病院行かなきゃいけないのって、なんかおかしいと思うんだけど……。

結論から言えば、会社の主張は間違い。労災の適用になる。

労働者災害補償保険法では、通勤時の災害も労災保険の対象となると明言している。通勤災害とは、原則として「住居と職場の移動」「職場から別の職場への移動」の際に生じた災害のことだ。したがって、この会社が主張していることは完全に間違いであると言っていい。

ただし、労災が適用されないケースもある。たとえば**理由もなく普段通らない経路で会社に向かったり、出勤途中で出社を中止し、休みを取ることを会社に告げたのち、遊びに出かけて事故に遭った場合など**だ。

ただし、これにも例外がある。通勤途中に投票所に寄ったり、病院に寄った場合などで、社会生活において常識的な範囲で通常の通勤経路からルートが外れる場合には、その限りではないとされている。

要するに、よほどおかしな会社への向かい方をしなければ、ほとんどの場合が労災適用になる。労災申請は、労働基準監督署で行うことができる。会社がしぶるなら直接申請に行ったほうがよい。

ただし、4日未満の休業にしかならなかった労災は労災保険ではなく、会社に直接補償を求めることになるので注意が必要だ。この場合は、弁護士や労働組合などを使って会社と交渉してほしい。

この法律で身を守れ！

【 労働基準法 第36条 】	時間外および休日労働についての規定
【 自殺対策基本法 第4条 】	国や自治体が決めた働きすぎによる自殺防止対策に対して、会社経営者が協力する義務を定める
【 労働安全衛生法 第66条の8第1項 】	残業が多い労働者のうち、希望者に対して医師の面接を行わせる義務を定める

そもそも残業は違法なので
自分にムチ打つ必要なし

——今の会社は待遇がよく満足している。だけど、あまりにも残業が多くて身体がツライ。月に200時間は残業していて、うつ病を発症しないか心配だ……。

よくある話だが、**そもそも残業は違法**だということはご存じだろうか？

労働基準法第36条では、週に40時間を超えて働かせることを禁止しているが、ほとんどの会社は従業員に残業を強いているのが実情だろう。上記のように奴隷に近い長時間労働を強いている企業だって少なくない。

これにはカラクリがある。従業員の代表者として選任された社員が残業することに合意した書類を労働基準監督署に提出すると、残業が可能になるのだ。これは、労働基準法第36条の規定が根拠となるので、「36協定」という。会社が偽造すれすれでこの書類を提出しているケースも多い。

とはいえ、2019年4月1日からは長時間残業に対して厳しい罰則が設けられることとなった（中小企業は2020年4月1日から）。**残業が許可された場合でも、以下の条件を超える場合は、違法として処罰される。**

- 時間外労働が年間360時間以内
- 1年を通じて、毎月の時間外労働と休日労働が100時間未満
- 1年を通じて、常に時間外労働と休日労働の合計について「2ヵ月平均」「3ヵ月平均」「4ヵ月平均」「5ヵ月平均」「6ヵ月平均」がすべて1月当たり80時間以内
- 時間外労働が月45時間を超える月が、年間通して6ヵ月以内

これを超える残業をさせられているなら、社外へ助けを求めてほしい。タイムカードのコピーを取り、労働基準監督署に訴えるもよし、弁護士や労働組合を使って残業減を約束させるのもよいだろう。

法律は労働者の健康維持を後押ししている

　そもそも残業を規制するのは、長時間労働が続くと、心疾患などの重篤な病気にかかることが科学的に証明されたからだ。そのため、残業規制以外にもいくつもの縛りがある。

　代表的なのが、労働安全衛生法と自殺対策基本法だ。

　労働安全衛生法は、有害な化学物質を扱ったりする仕事に従事する労働者を保護するために幾度も見直されてきた。もちろん、一般的なサラリーマンにも心身の健康を保つための考慮がなされている。中性脂肪とコレステロール値のチェックで、年一回お世話になる職場の健康診断もその恩恵のひとつだ。

　長時間労働については、労働安全衛生法第66条の８第１項に規定がある。**時間外・休日労働が月当たり80時間を超える労働者が希望した場合、医師の面接を受けさせる義務を定めている**のだ。

　また、自殺対策基本法第４条では、**長時間労働などの影響から自死に至る労働者の歯止めをかけるため、会社経営者は国や自治体の方針に従わなければならない**ことが決められている。

　悲しいことに、疲労が蓄積し、長時間労働が常態化してくると疑問を感じなくなるどころか、自分を責めるようになる人が多い。仕事への責任感の強さには敬意を表したいが、それでも限界はある。

　最近自分を責めがちだと思ったら、自分の思考を疑い、医師や法律家などに助けを求める勇気を持ってほしい。目安としては、仕事のことで「No！」と言えるかだと思う。

　会社は、ひとりくらい持ち場を離れても回るようにできているし、そうでなければいけないのだ。ここは、勇気を持って、自分の心身の限界を周囲に告げる勇気を持っていただきたい。

悪意がない仕事の振り方が
同僚や部下を追い詰める場合も

　困ったことに、メンタルがやられる一歩前の状態の人は、はたから見て、とても元気に見えることが多い。そのため、悪意なく仕事を振ってしまうことがあるかもしれない。

　管理職はもちろんだが、それ以外の人も、出勤簿などをチェックし、過重労働になっている人は意図的に休んでもらうことを忘れないでほしい。また、えてして産業医の診察を拒む人も多いので、法律で定められた労働時間を超えるなら、医師の診察を受けさせたほうがよいだろう。

　過労からメンタルがやられると、最悪自死に至るケースもある。**悪意なく仕事を振っただけで自死させてしまい、遺族から損害賠償を起こされることもあり得る**。また、そこまで同僚や部下が追い詰められていたことに気づかないまま仕事を振り、自分が追い詰めてしまったと長い期間、良心に責められ続けることにもなりかねない。

　精神疾患は特定の人がかかる病ではない。屈強な人、タフを自認する人でも発症する。生活の糧を得る場所で命を落とすなど、それこそ本末転倒もいいところだ。職場全体が不幸になりかねない。

　皆で理解を深めあい、予防していくことがきわめて重要だ。

ここがPOINT！

☑ メンタルや身体を壊す原因となる長時間残業・休日出勤は、厳しく規制されている

☑ 時間外・休日労働が月80時間を超える者が希望した場合、企業は医師の面談を受けさせなければならない

☑ 長時間労働や精神的なストレスから、メンタルの不調や自死に至る深刻な状態を避けるために、自殺対策基本法ができ、会社側は国や自治体の指導に従う義務が明記された

10 | 失業保険が下りるまで 3ヵ月も待てない

残業超過の証拠をそろえて

失業保険をフライングゲットだ！

【 雇用保険法 】 退職や、会社倒産などで離職した労働者の生活を金銭面で
サポートする

【 労働基準法
第36条 】 残業の可否や上限を定める

会社の違法行為を証明すれば
即受給開始＆延長が可能

　会社を辞めてカネをもらう方法がある。そう、雇用保険だ。

　突然の会社倒産や、退職後、次の仕事が決まらない場合に労働者を支える保険制度のことで、またの名を失業保険（失業手当）という。

　本来、やむを得ぬ事情によって仕事を失った場合を想定した保険であることから、自発的に会社を辞めた労働者には、給付金は退職後すぐには支給されないことになっている。早く次の仕事を探してもらうためだ。

　具体的には、ハローワークに求職の申し込みをした日から7日＋3ヵ月が経過した時点で次の仕事が決まっていない場合、給付金が支給される。

　だが、自発的に会社を辞めたとしても、ハローワークへの求職申し込みの7日後から給付金が支給される例外がある。

　それこそが、残業がきつくて辞めた場合である。

　そもそも、残業自体が労働者全員が合意した場合でないと行わせることはできない（労働基準法第36条／詳しくは065ページ参照）。また、社員全員が残業することに合意したとしても、労働者の健康を守るため、残業時間の上限が定められている。

　つまり、**上限時間を上回る残業をさせられている場合には、自発的な退職であっても会社の違法行為から自分の身を守るために辞めざるを得なかったとみなされ、退職後すぐに雇用保険の給付金が支給される**のだ。

　退職前6ヵ月間のうち、以下のいずれかに該当する場合に適用される。

- 連続3ヵ月以上、月当たり45時間以上の残業をしていた場合
- 連続する2ヵ月から6ヵ月のうち、平均して月当たり80時間を超える残業が発生していた場合
- 6ヵ月のうち、いずれかの月で100時間以上の残業があった場合

まだまだある雇用保険が即刻支払われる例

残業時間の上限を超えている場合、自主的に退職しても3ヵ月のインターバルなしで雇用保険の給付金が支給されるのは、会社の違法行為から自分の身を守るためにやむを得ない退職だと認められるためだ。

残業の法定上限を超えていなくても、すぐに雇用保険の給付金がおりる場合がある。

それは以下のような場合である。

1. 入社してみると、雇用契約締結前に見せられた働く条件と著しい違いがあった（絶対的明示事項違反／詳しくは053ページ参照）
2. 給料の支払額が、雇用契約書で約束した金額の85パーセント以下だった
3. 給料の1／3を超える金額が、給料日までに支払われなかった
4. 妊娠中の休暇や、介護休暇中に、不当に働かされた。また、働くことを希望したのに、不当に制限された
5. セクハラを受けたものの、会社側が解決しようとしなかった
6. 職場全体ないし、一部の人から嫌がらせを受けたが、会社が解決しようとしなかった

なかには、これらのトラブルで泣く泣く会社から脱出したにもかかわらず、雇用保険を即受給する手続きをしなかった人もいるかもしれない。法律さえ知っていれば、口惜しいかな、実はカネの面では命綱がつくようになっていたのだ。

ちなみに、雇用保険の給付金は、所得税が一切いかからない。

また、ハローワークへの求職申し込みにあわせて最寄りの自治体に国民健康保険料の免除・猶予を申し込み、可能なら生活困窮者自立支援法に基づいたサポートを受けると、さらに金銭面の不安が軽減される。

雇用保険給付の裏ワザを使うと、支給期間も延長される

さらに驚くべき裏ワザがある。雇用保険の給付期間を延長できるのだ。

たとえば、勤続20年、45歳のあなたが自主的に退職したとしよう。

この場合、雇用保険の給付金が支給されるのは90日〜150日間である。

ところが、裏ワザを使って退職した場合、雇用保険の給付金支給期間が90日から〜330日となる。支給期間が2倍以上になる可能性があるのだ。

注意すべき点を上げるとすれば、ハローワークも役所である。法的な証拠をきちんとそろえて、こちらから申請しなければ対応はしてもらえないところだ。

ポイントは、会社が違法行為を行っていて、すでに法的になんらかの処罰を受けていると証明すること。たとえば残業時間の超過やその他の会社の違法行為が原因で会社を辞めるのであれば、退職届を出す前に会社の所在地を管轄している労働基準監督署に相談したほうがよい。

そのうえで、**労働基準監督署から受け取った書類を添付して、ハローワークの雇用保険適用課へ雇用保険の給付申請を行う**。これが支給開始時期の変更と、給付期間の延長を認めさせるための裏ワザだ。場合によっては雇用保険受給中に、労働基準監督署が会社に残業代を支払うよう命令してくれて、さらに懐があたたまることもある。

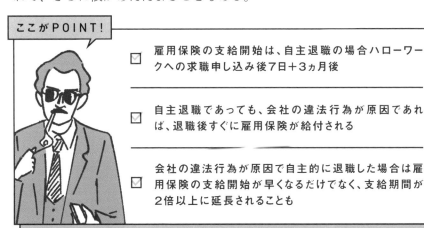

ここがPOINT!

☑ 雇用保険の支給開始は、自主退職の場合ハローワークへの求職申し込み後7日＋3ヵ月後

☑ 自主退職であっても、会社の違法行為が原因であれば、退職後すぐに雇用保険が給付される

☑ 会社の違法行為が原因で自主的に退職した場合は雇用保険の支給開始が早くなるだけでなく、支給期間が2倍以上に延長されることも

11 | 非正規社員だけ差別されていてつらい

心は密に！
結束してやっつけるぞ

おー！

おー！

この法律で身を守れ！

【労働安全衛生法 第23条】事業者が、労働による健康被害を生じないように、職場の衛生や安全面に注意しなければならないことを規定

【労働安全衛生法 第24条】事業者が労働災害（労災）を防止することを義務付け

【短時間労働者及び有期雇用労働者の雇用管理の改善等に関する法律】
（パートタイム・有期雇用労働法）
法律で規定がない休暇や賃金を特別に設ける場合、非正規労働者であることを理由に差別的待遇を行うことを禁止

労働安全衛生法違反を訴えて
腰の重い労働基準監督署を動かせ

——コロナ禍で正社員は自宅でテレワーク。オレたち派遣や契約社員は全員出社だと。コロナは非正規にも感染するんだぜ……。

　実はコロナ禍以前から、派遣労働者や契約社員への差別的待遇は問題視されていた。旧労働契約法第20条や旧パートタイム労働法第8条でも正社員との不合理な格差を禁止していたが、それでも非正規労働者への非人間的な対応は横行していて、ずいぶんもめた経緯がある。

　こうしたことから、大企業は2020年4月、中小企業では2021年4月施行された**短時間労働者及び有期雇用労働者の雇用管理の改善等に関する法律（パートタイム・有期雇用労働法）で、「非正規と正社員との格差を設けることは違法である」と、さらに強い表現での禁止**が盛り込まれることとなった。

　そもそも、正社員であろうと非正規であろうと、健康を保つのは当然の権利であり基本的人権なのだ。コロナ禍のなか、非正規だけ出社して働けというのは、不法であると言わざるを得ない。

　こうした場合、どのようにして会社の不合理を叩けばいいのか？

　労働問題の警察官でもある、労働基準監督署を使うのだ。

　ここで働く労働基準監督官は、働く人たちの人権や権利を守り、不正を摘発することを職務としている。行政機関なので無料で利用でき、さらには逮捕権という強力な権限が与えられている。

　しかし、人的資源に余裕がなく、迅速に動かないことが多い。彼らを動かしていくには、ちょっとしたコツがある。

法律は非正規社員も守ってくれる

　労働基準監督署にとってもっとも優先順位が高く、取り締まりが厳しいのが「労働安全衛生法違反」だ。

　労働安全衛生法では、その名のとおり、労働者を働かせるうえで危険な行為に従事させないように法律で規制し、さまざまな職種の人が安全に仕事ができるように規制している。**この法律は、違反の対象が非正規だろうが正社員だろうが、厳しく取り締まる傾向がある**。放置していたら、本当に死亡につながる重大な労災が起こりうるからだ。

　したがって、労働基準監督署に「労働安全衛生法に違反しています！」と訴えると、動きが早くなるのである。具体的には、労災を防ぐことを目的にした労働安全衛生法第24条違反で処罰を求めるとよい。

　また、職場で新型コロナウイルスへの感染予防措置がとられていないなら、そのことを逆手にとって、次の労働安全衛生法第23条違反で労働基準監督署に処罰を求めるのも有効だ。

■労働安全衛生法第23条
事業者は、労働者を就業させる建設物その他の作業場について、通路、床面、階段等の保全並びに換気、採光、照明、保温、防湿、休養、避難及び清潔に必要な措置その他労働者の健康、風紀及び生命の保持のため必要な措置を講じなければならない。

　まさに差別されているあなたたちを守ると、法律は明言しているのだ。

　会社を訴える場合は、現在までの時系列の流れを、覚えている範囲でよいので記録した資料を作るとよい。また、新型コロナウイルスに感染しない配慮、たとえば手指消毒用エタノールの不備や、仕事道具を拭いて消毒する時間が設けられていないなどを写真や文書で記録する。

　あきらかに不合理であり、健康被害の可能性が高いことが理解してもらえれば、会社に対して強い指導がなされるはずだ。

立場の弱い者どうしで結束しよう

　理不尽な会社の行為に対抗するには、法律を盾にとって戦うことがきわめて重要だ。だが、それ以上に欠かせないのは、会社から不当に軽んじられた非正規どうし結託して、会社と断固戦う姿勢を見せることなのだ。

　職場の非正規労働者どうしは、交流が少ないことが多い。

　派遣労働者の人は、所属する派遣元の会社どうしでしか会話しないなどの慣例があるが、これは会社側から見ればまさに願ったり叶ったり。**分断してコントロールしやすい状態を、非正規労働者どうしがみずから生み出しているようなもの**だからだ。

　あなたが自分ひとりで戦って会社を屈服させたとしても、あなたひとりでカタが付くなら、会社が理不尽な行為を止めることはないだろう。あくまで戦って会社に折り合いをつけさせたいのなら、周囲の理解者をひとりでも増やし、結束して戦っていく必要があるのだ。

　そのためには会社を労働基準監督署に告発しつつ、非正規の仲間たちが分断されないよう、交渉力が強い外部の労働組合への加盟を促すとよいだろう。会社が報復として不当に解雇を振りかざしても、労働組合は「経営者を強制的に話し合いのテーブルにつかせる団体交渉権（022ページ参照）を利用して、会社に対抗する術」を知っているので、守ってくれるはずだ。

ここがPOINT！

☑　非正規だけ理不尽な働き方をさせられるのは違法

☑　不衛生な環境で働くことを強いられた場合は、労働安全衛生法違反を労働基準監督署に訴えるとよい。労働安全衛生法は、労働者の命に関わる法律のため、労働基準監督署も対応がまるで違うことが多い

☑　職場の同じ立場の仲間と結束して戦おう。数のパワーで押されると、会社はトーンダウンしやすい

誰もが被害者にも加害者にもなるパワハラ・セクハラ

実は大多数の人が
ハラスメントの加害者であり被害者

　何度も言うように、日本の会社は無法地帯に等しい。

　100円のお菓子を万引きしたら問答無用で10分後には警察に連れてい
かれるのに、残業代10万円を払わなくても逮捕されない。セクハラしかり、
パワハラしかりだ。

　これは「会社は家庭と同じで国が積極的に介入すべき場所ではないか
ら、社員と経営者はよく話し合って生活しなさい」という法律（私は憲法
28条がそうだと考えている）が大前提にあるためである。ハラスメントどこ
ろか、違法行為が起きていても国は積極的に介入してこなかった。

　ところが、2020年6月、改正労働施策総合推進法（通称パワハラ防止法）が
施行されてから流れが変わった（中小企業は2022年から施行）。

　以前なら、オヤジギャグとして白い目で見られるだけで済んでいた女子
社員や若手部下への軽口が、命取りになりかねなくなった。

　これはわれわれおっさん世代がやり込められるだけではない。**女性部下
から投げつけられる「ハゲ」だの「キモイ」などといった悪口も、場合によっ
ては厳しく断罪される**ことになったのだ。

　老若男女問わず平等に作られているのが法律だから、当たり前なのだ
が、なぜかわれわれおっさん世代だけ理不尽ないじられ方をしても、甘ん
じて受けなければいけないような空気があった。上記法律の施行に
より、これからはよくも悪くもハラスメントとして線引きさ
れたということだ。

　PART3では、ビジネスライクさを増していく企業の人間
関係のなかでハラスメントとされる法律上の線引きについて
紹介していく。

01 後輩の「パワハラです」におびえています

【 改正労働施策総合推進法 】

パワハラを定義し、処罰などについて制定

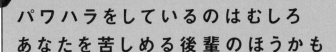

パワハラをしているのはむしろ
あなたを苦しめる後輩のほうかも

——お調子者の後輩がいる。簡単な書類整理を命じたら「そんな誰でもできる仕事をやらせるなんてパワハラっすよ！」ときた。思わず「ごちゃごちゃ言わないでさっさとやれよ」と一喝したら今度は「訴えてやる」と言い出した。ひょっとしてオレ、クビ？

とにかく理屈をつけて仕事をしない部下というのも最近目立ってきたようだ。この場合、怒鳴ったのはまずかったが、パワハラとは認定されにくいように思う。さすがにクビが飛ぶことはないだろう。

この際だから、何をしたらパワハラされるのかは知っておこう。

実は、つい最近まで法的な線引きがなく、被害を受けた側は対処のしようがなかった。が、2020年6月に大企業に対して改正労働施策総合推進法という法律が施行され、パワハラが明確に線引きされた（中小企業は2022年から施行）。

同法では、パワハラの定義を「優越的な関係を背景とした、業務上必要かつ相当な範囲を超えた言動により就業環境を害することもしくは身体的ないし精神的な苦痛を与えること」としている。

つまり、**会社での立場を利用して業務上必要な範囲を超えたなんらかの強要を行い、職場にいることが耐え難いほど居心地を悪くしたり、あるいは身体的に危害を加えたり精神的な苦痛を与えることがパワハラ**なのだ。

したがって、後輩の「パワハラ」という指摘は該当しないことになるし、むしろ後輩こそその立場を利用したパワハラをしているとも言えよう。

これだけではわかりにくいかもしれない。次のページ以降、さまざまな例を解説していこう。

ヒマな上司の説教が ムダに長くてつらい

【　改正労働施策総合推進法（パワハラ防止法）　】

会社での立場を利用して社内外の労働者にハラスメントを行うことを規制

労働基準監督署に行けば
ヒマな上司を指導してもらえる

——定年後も嘱託で居残ってる「じいさん上司」、ヒマなのか話がやたらと長い。この前なんか、コピーを1枚多く刷っただけで、えんえんと1時間説教されたし、めっちゃむかつく……。

　昭和世代なら当たり前の光景だったかもしれない。だが、今はそんな話は通用しない。このような叱責が続いているなら、その上司はパワハラで刺される可能性大だ。厚生労働省は精神的な攻撃もパワハラに当たるとしているからだ。

　ちなみに同省がパワハラにあたると示した例は以下のとおりだ。

1. 脅迫・名誉毀損・侮辱・ひどい暴言
2. 人格を否定するような言動
3. 相手の性的指向・性自認に関する侮辱的な言動
4. 業務の遂行に関して必要以上に長時間にわたる厳しい叱責を繰り返し行う。目の前で書類を投げつけるなどの行動を行う
5. 他の社員の面前で、大声での威圧的な叱責を繰り返し行う
6. 相手の能力を否定し、罵倒するような内容の電子メール等を複数の相手に送信するなど

　この上司が毎回毎回えんえんと必要以上に説教しているなら、4ないし5に該当するだろう。これは、俗に「パワハラ法」と呼ばれ、会社での優位な立場を利用してハラスメントを行うことを禁止した改正総合労働施策推進法に明らかに違反している。会社を管轄している労働基準監督署にある「総合労働相談コーナー」に対処を相談してはどうだろうか。あなたがチクったことが公にされることはないし、労働基準監督署から、直接問題の上司を指導してもらえるはずだ。

03 プライドが高い上司に意見したら左遷された

■ この法律で身を守れ！

【 改正労働施策総合推進法（パワハラ防止法） 】

嫌がらせに等しい配置転換や、報復人事を禁止

パワハラ防止法を盾に救済を求めれば
簡単に元の職場に戻れる

——この前の企画会議で、上司の意見に反対した提案を出したんだよ。そしたら、来月から倉庫番に異動しろって！ 上司は人手が足りないからと言ってるが、そもそも倉庫はバイトだけで成り立ってる職場だし、これって報復人事だよね？

テレビドラマのような展開だが、私が労働組合でいろいろな人のトラブルに対応していたころ、よく見かけたトラブルだ。

男の恨みというのは恐ろしい。反論されたり意見されたりしてプライドが傷つけられるとムキになって言い返したり、職権濫用に走る例はめずらしくない。特に昭和世代に顕著なようだ。

ひと昔前ならこうした横暴には手の打ちようがなかったが、今はパワハラ防止法で対抗できる。厚生労働省は、このような報復人事を「過小な要求」と定めている。すなわち業務上の合理性なく能力や経験とかけ離れた低レベルの仕事を命じることや、仕事を与えないことだ。その基準として以下のような線引きを設けているのだ。

1.管理職である労働者を退職させるため、誰でも遂行可能な業務を行わせる

2.気にいらない労働者に対して嫌がらせのために仕事を与えない

あらためて解説するまでもないだろうが、上記の場合は2に該当する。

だからあなたの場合、**弁護士や労働基準監督署、労働組合に救済を求めればあっけないほど簡単にカタがつく。** 元の職場に戻れるのはもちろんだし、場合によっては損害賠償が認められる場合もあるはずだ。

パワハラ防止法で
憎き上司を訴えたい

さようなら部長
いや、愚の骨頂

パワハラ防止法

ゾクッ

この法律で身を守れ！

【 改正労働施策総合推進法 (パワハラ防止法) 】

社内外でのパワハラ、セクハラを明確に定義し、禁止

【 公益通報者保護法 】

社内で発生している法律に違反する問題について、公的機関等に告発した人を法的に保護することを定める

スマホの録音アプリをONにして
徹底的に証拠を集めよう

——今までさんざんガマンしてきた上司のイジメ。パワハラ防止法なんて
ものがあるなら、一発カマしてやりたいもんだ。紙一枚で上司のクビが飛
ぶなんて最高じゃん。訴えられるものなら、訴えたい！

おおいに訴えるといい。ちなみに、**パワハラ防止法に触れる行為や、そ
の他の労働関連の法律違反を訴える場合、あなたの立場は公益通報者保護
法という法律によって守られる**から安心してよい。

ただし、必ず綿密に証拠をそろえることを忘れてはいけない。

会社でのトラブルを訴える方法として、「弁護士に委任」「労働基準監督
署に駆け込んで告訴」「労働組合に加盟して戦う」がある（022ページ参照）。
そのどれで訴えたとしても、証拠が不十分であれば、相手を処罰するのは
難しい。

**よく弁護士や労働基準監督署に相談しても何も対応してくれなかったと
嘆く人がいるが、大半は証拠がそろえられなかったことが原因**だ。証拠も
なく「被害を受けました」という言い分だけで相手を処罰していけば、冤
罪が多発しかねないので当然である。

相談の際には、以下のものをそろえるようにしたい。

**1.いつから、どのような被害を誰から受けたかなど、被害の経緯をま
とめた資料**

**2.資料を立証する書類のコピー、録音データ、電子メールなどのプリ
ントアウト**

録音データ収集には、スマホの録音アプリを活用するとよいだろう。勤
務中ずっとONにしておけば、証拠を集めやすい。

書類のコピーはスマホのカメラで撮影すればよい。証拠がそろったら、
あとは弁護士、労働基準監督署、労働組合に相談すればOKだ。

05 モンスター部下から パワハラで訴えられた

不届き者から訴状が届いた…弁護士に相談しよ

【 改正労働施策総合推進法（パワハラ防止法）】
以前はあいまいだったパワハラの法律的な定義をし、禁止事項や処罰を定める

【 刑法230条1項 名誉毀損罪 】故意に相手の社会的評価を貶めるような言動を行った者を処罰。3年以下の懲役もしくは50万円以下の罰金

【 民法709条 損害賠償の義務 】法律に違反する行為によって、なんらかの被害をこうむった人に対して、加害者が賠償する義務があることを定める

早急に弁護士と連絡をとり
名誉毀損で反訴しよう

——部下がいきなり会社に来なくなった。電話してみたがまったく反応が
ない。放っておいたら、裁判所から封筒が届いたのだ！　どうやらオレを
パワハラで訴えるということらしい……。

　残念だが、自分がやるべきことをやらず、理屈をこねることだけの部下
も増えてきている。パワハラ防止法を逆手にとって損害賠償を請求した
り、労働基準監督署に刑事告訴を行う部下も出てくるかもしれない。
「悪魔の証明」と言われるように、やっていないことを証明するのはきわ
めて困難だ。このような場合、実はあなたは非常に分が悪い。

　こうした不届き者を部下に持ったら、ウソをでっちあげようとする部下
に名誉毀損で反訴すると通告、ゆさぶりをかけるとよいだろう。

　名誉毀損には、刑事と民事の2つがある。

　刑事事件として処罰を求める場合、**相手が公表したことが事実であって
も、あなたの社会的評価が下がったり、不利益を被るような内容ならば、
処罰の対象になる**からだ。ただし、部下があなたの社会的名誉を故意に傷
つけようとしていることを立証する必要があるため、ハードルはかなり高
い。

　だが、民事事件での名誉毀損の場合、相手が**悪意なくあなたの社会的な
評価を傷つけるようなことを行った場合でも、損害賠償の対象になる**こと
は覚えておいて損はない。

　いずれにせよ、訴状が届いたり、内容証明郵便などが届いたら時間との
戦いになる。自分では冷静に対応できないことがほとんどだろう
から、自分では対処せず、早急に弁護士にサポートを依頼する
ことが大切だ。

06 やりたい放題の上得意 そろそろ我慢の限界だ

【 改正労働施策総合推進法（パワハラ防止法） 】
社内だけでなく、社内で働く他社の派遣社員等、個人自営業を含む取引先に対して、会社での地位を濫用したハラスメント行為を禁止する

【 労働契約法 第5条 】
会社が雇っている労働者の安全を守る努力を義務化（安全配慮義務）

【 刑法第234条 威力業務妨害罪 】
暴力行為やしつこい電話などで相手の自由意思を妨げる行為を禁止する。その他、刑法第222条脅迫罪、刑法第231条侮辱罪など

上得意はもちろん、あなたを守ってくれない 経営者も法律違反だ

——うちの会社の上得意先だが、とにかくムチャぶりがひどい。個人的に呼び出したり、携帯に電話をかけては数時間説教したりと、やりたい放題やっているのだ。ついに若いヤツがひとりぶちきれて、「刺し違えてやる！」とまで言い出した。取引先をパワハラで訴えることなんか、できるんだろうか？

2020年6月から大企業に対して施行された改正労働施策総合推進法、通称パワハラ防止法は、**社外取引先へのパワハラも明確に禁止している**（中小企業は2022年4月からの施行）。

必要以上のクレームで長時間拘束させた場合や、罵声や暴言を浴びせた場合は、威力業務妨害罪や侮辱罪、脅迫罪などの犯罪として処罰できる可能性がある。会社が喜ぶかは別にして、上得意を告訴することは、法律上では決して不可能ではない。

昔ながらの顧客至上主義の商慣習が生きる日本では、「お客様は神様」というビジネススタイルがまだまだ健在だ。とはいえ昨今では、カスハラ（カスタマーハラスメント）という言葉も浸透してきている。**働く者なら誰しも、取引先に対する優越的な立場を利用した対応をしないよう常に自分たちを律しないと、人生が狂ってしまいかねない**。

また、出世して経営陣に加わったあかつきには、自社の社員を守る行動を心がけることが重要だ。そもそも、労働契約法第5条で、会社は社員の安全を守るように努力することを義務付けられている。このような取引先に社員が振り回されているのを見て見ぬふりをしていた場合、経営者は逆に社員から告訴されかねない。気をつけてほしい。

07 | 何をしても セクハラと言われる

この法律で身を守れ！

【 男女雇用機会均等法
第11条 】　セクハラ防止措置を、経営者に義務化

【 改正労働施策総合推進法（パワハラ防止法） 】

男女雇用機会均等法で規定されたセクハラ防止についてさらに強化。社内の女性社員だけでなく、他社から出向してきている女性社員、派遣社員、また取引先の女性労働者（個人自営の労働者を含む）へのセクハラ防止を規定

4つのことを守っていれば
基本的にセクハラにはならない

——オレ、女性社員に、キモいと思われてるみたいで、何をやっても「セクハラ」だと言われる。もう、どうしたらいいのやら……。

　法律的には、セクハラは昔から男女雇用機会均等法で規制がかけられている。そして、2020年に施行された改正労働施策総合推進法（通称パワハラ防止法）では、女性社員のみならず、自社内で働く派遣の女性労働者、取引先の女性労働者（個人自営の取引先含む）も、法律で保護されることとなった。つまり、彼女たちが「セクハラ」と訴えればクビが飛ぶ可能性もありうるわけだ。

　だが、過剰な心配は無用だ。法律で規制がかけられたということは、明確な線引きができたわけでもある。具体的には以下のとおりだ。

1. 労働者の就業環境を害する性的な言動の禁止
- 特定の労働者の性的な内容の情報やうわさを職場に流すこと
- 本人が嫌がる中、デート等への誘いなどを繰り返すこと
- その他、性的と解釈できる内容で、かつ労働者の勤労意欲が低下する言動を行うこと

2. 労働者の就業環境を害する性的な行動の禁止
- 性的な関係を強要すること
- 業務に必要がないにもかかわらず身体へ接触すること
- アダルトサイトを職場のパソコンで掲示したりするなど
- その他、性的と解釈できる行動で、労働者の就業環境が害されると考えられる行為

基本的には、「プライベートについて尋ねない」「身体的な接触はしない」「仕事以外のことで行動の制限をしない」「仕事上の命令や依頼は合理的に」この4つを守っていれば、ほとんどの場合で問題には至らないはずだ。

08 超タイプの女子社員に告白したら訴えられた

【改正労働施策総合推進法（パワハラ防止法）】

男女雇用機会均等法で規定されたセクハラ防止についてさらに強化。社内の女性社員だけでなく、他社から出向してきている女性社員、派遣社員、また取引先の女性労働者（個人自営の労働者を含む）へのセクハラ防止を規定

【ストーカー行為等の規制等に関する法律（ストーカー規制法）】

つきまとい・監視などの個人の自由を侵害する行為を禁止し、処罰する

仕事上の立場を利用した恋愛は
セクハラのリスクが大きい

——異動してきた女性社員が「超タイプ」。告白しようと思うんだけど、一回りくらい年下の子だから、セクハラ扱いされないだろうか……。

　いくつになっても恋心は自由。もちろん、一回り年下の女性を好きになったのも自由だし、告白するのも自由だ。

　ただし、オトコなら、肩書きに頼った口説き方はするな！

　セクハラだけでなくパワハラもそうだが、「ハラスメント」としてトラブルになるケースのほとんどは、「支配欲」が首をもたげた場合である。

　つまり、**自分の立場を利用して、相手を意のままに操りたいという気持ちがどこかに潜んでいれば、たとえ法令には違反していなくても、相手はセクハラとして声を上げる可能性がある**ということだ。相手の立場になってみればわかることだが、仕事上の命令や依頼と称して居残るように命じられ、そこで恋心を伝えられたとしたらどうだろう？

　仮に、彼女があなたになんとなく好意を抱いていたとしても、告白の瞬間から、好意は敵意に変わるに違いない。仕事を利用した行為であるからだ。

　彼女が仕事に対して真摯であればあるほど、あるいはあなたを信頼してはいるほど「裏切られた」という思いは強くなるはずだ。そのことに気づかず、会社での立場を利用して一方的なアタックを繰り返したら、パワハラ防止法にも引っかかるし、ストーカー規制法で刑事事件として立件されることもあり得る。

　相手の行動を制限しないこと。そして、肩書きを自分の恋心のために濫用しないこと。これが法の一線を踏み越えない要であり、恋心を彼女に伝える最良の方法である。

09 セクハラと思われずに あの娘に告白したい

なにその殺し文句…

別にことわっても 君を退職に追い込んだりしないよ

この法律で身を守れ！

【 改正労働施策総合推進法（パワハラ防止法）】

男女雇用機会均等法で規定されたセクハラ防止についてさらに強化。社内の女性社員だけでなく、他社から出向してきている女性社員、派遣社員、また取引先の女性労働者（個人自営の労働者を含む）へのセクハラ防止を規定

【 ストーカー行為等の規制等に関する法律（ストーカー規制法）】

つきまとい・監視などの個人の自由を侵害する行為を禁止し、処罰する

誘導せずに相手の意志を尊重することで
セクハラのリスクは減らせる

——同じ職場で好きな娘ができた。公私混同にならないようにメッチャ注意したうえで、ディナーに付き合ってもらえないか彼女にアプローチ。OKがもらえたものだからディナーの後に思い切って告白、その場では返事をもらえなかった。一日千秋の思いで返事を待っていたら、上司から呼び出しが。聞けば、彼女からハラスメントの相談を受けたらしい。下手するとオレ、懲戒処分……？

　気の毒な話だが、このようなケースは実はよくある。特にあなたが女性より先輩の場合は、このような誤解が起こりやすい。一体何がまずかったのか？

　男からすれば、彼女の尊厳に十分配慮したつもりだろう。でも、**「断れば、職場で仕返しされるのではないか」「本当は嫌だが、怖いから従うしかない」と考える女性は意外に多い**のだ。

　残念だが、これについてはこれさえ守れば必ずトラブルが回避できるという決定的な方法がない。

　そこをあえて効果的な方法をあげるとしたら、自分の恋心に応えるよう無意識のうちに誘導しないように最大限注意しながら、好きな女性と接することだろう。

　「あなたのことが好きだ。今度一緒に食事をしよう」と伝えるのと「あなたのことが好きだ。もし、時間をもらえるなら今度一緒に食事をしてもらえないか？」と伝えるのでは、ずいぶん印象が違うのではないだろうか？

　つまり、前者のような問いかけをしないように常に意識することだ。

　それこそが法令に抵触せず、好きになった女性を最大限尊重する最大公約数的な方法だと言える。成功を祈る！

095

10 身に覚えがないのに まさかのセクハラ告発

なんだこの
虫をみるような目は…

【民法第709条 損害賠償の義務】 法律に違反する行為によって、なんらかの被害をこうむった人に対して、加害者が賠償する義務があることを定める

謝罪は裁判で「セクハラした証拠」になる
絶対に謝ってはいけない

――女性社員からセクハラで訴えられた。誓って身に覚えはないし、告発された内容を読んでもおかしな点ばかり。オレのサラリーマン生活もおしまいだ……。

こうした場合、なによりも心して欲しいことがある。身に覚えがないのなら、絶対に謝罪してはいけない。日本人だと、とりあえず頭を下げてしまいがちである。だが、**裁判に発展した場合、謝罪したという事実が、実際にセクハラをやった証拠として採用されてしまう可能性がある。**

裁判所の考え方はこうだ。「まったく身に覚えがないなら、なんで謝ったりしたの？　やましいことがあったから謝ったんでしょう？」と。

こうなるともう、とりつく島がない。どんな反論をしようが、裁判官は聞く耳を持たない。裁判でのあなたの負けは、決まったようなものだ。

裁判を起こされたり、訴えられた場合、当事者どうしで議論せず、すぐに弁護士に相談したほうがよい。

その際はわかる範囲でかまわないので、「どのような経緯でセクハラとして訴えられたのか」「訴えている相手は会社ではどのような立場なのか」といったことをまとめた書類を持参しよう。

弁護士はこういった事件を日常的に扱っている。あなたの主張と相手の主張をすりあわせ、必ず矛盾点を見つけ出すだろう。その結果、相手の女性が悪意や過失であなたを訴えていると判明したら、弁護士を通じて内容証明郵便などで警告を出してもらうとよい。それだけでトーンダウンすることもある。

とにかく初動が大事だ。自分では対処せず、専門家にいかに早く相談するかが明暗を分けると考えてほしい。

11 | ウザい女性役員の
セクハラが目に余る

【 **改正労働施策総合推進法** (パワハラ防止法) 】

女性上司や同僚が、男性社員に対して行うことを禁じているセクハラとはなにかを定義

【 **ストーカー行為等の規制等に関する法律** (ストーカー規制法) 】

つきまとい・監視などの個人の自由を侵害する行為を禁止し、処罰する

おっさんだってセクハラ被害者になる
労働基準監督署にチクれば即解決

——うちの女性役員は、酒ぐせが悪い。飲みにいけば、気に入った若い男性社員を触りまくり、キスするなんてのはザラ。キモいんだよ。これってセクハラになるんじゃねえの……？

昭和の時代には、女性から言い寄られるのは男のほまれ、「据え膳食わねば男の恥」といった考えもあったが、今の時代さすがにそれは通用しない。

セクハラといえば女性が被害者のイメージがあるが、男性が被害者になることもあり得る。実際に裁判で負けて賠償命令が出たケースもあるから、目に余る女性社員を訴えるのはアリだと思う。

2020年に大企業に対して施行された改正労働施策総合推進法（パワハラ防止法）では、セクハラ・パワハラの定義を明確に規定している。労働基準監督署には、総合労働相談コーナーが設けられているので、上司の処罰について申告してみるとよい。誰がチクったかは公開されず、会社に指導が入る。

労働基準監督署の職員は、特別司法警察職員といって逮捕権を与えられている警察官でもある（033ページ参照）。逮捕される可能性があるとわかれば、どんな上司でも少しは態度が改まるはずだ。

セクハラ訴訟で大切なのは、証拠を必ず残すこと。自分が明白に「NO!」と言っているのにもかかわらず、嫌がらせを繰り返してくることがわかる証拠を用意しよう。スマホのアプリで録音してもいいし、LINEやメールで執拗に連絡をとってくるなら、スクリーンショットを残そう。

メールやLINEなどでの連絡も含め、しつこくつきまとってくるようならば、ストーカー規制法で処罰ができないか、警察に相談してみるのも手だ。昨今では証拠があれば、意外と迅速に動いてくれることが多い。

新婚旅行は
ヨーロッパにグレードアップしよう

ご祝儀のかわりに
慰謝料
もらっときましょ

この法律で身を守れ！

【 改正労働施策総合推進法 (パワハラ防止法) 】
社員の個人的な趣味やプライベート上の情報を暴露することを禁止

【 民法第90条 公序良俗 】 誰が見ても社会的秩序や道徳に著しく反する行為を約束した場合、その契約は無効とする

【 民法第132条 不法条件 】 法律に違反する行為を行うことを約束した契約を無効とする

【 民法第709条 損害賠償の義務 】 法律に違反する行為によって、なんらかの被害をこうむった人に対して、加害者が賠償する義務があることを定める

社長も就業規則も法律も
独身男女の恋愛を止めることはできない

——うちの会社には、社内恋愛をすると即刻クビになるという就業規則がある。十分注意していたが、社内SNSに俺と同じ職場の彼女が2人でいるときの写真が投稿されていた。オレと彼女って、クビにならなきゃいけないの……?

　結論からいうが、会社はあなたも彼女もクビにはできない。

　雇用契約書や就業規則に、「社内恋愛が発覚したらクビ」という条件を盛り込むのは、民法第90条の公序良俗の規定や、民法第132条の不法条件の規定に違反するからだ。

　この2つの法律は、**法律に違反する契約や、合理的な理由がなく個人の権利を侵害する契約は無効**ということを規定したものである。

　例を挙げて解説しよう。あなたには殺したいほど憎たらしいヤツがいる。そいつを殺してくれたら1000万円を支払うという契約を殺し屋と結べるとしたら、その契約は正当な契約だと思うだろうか?

「その契約を有効にしたら殺人という罪があいまいになるし、社会全体の秩序が乱れるから許されない」と考えるのが普通ではないか。

　では、会社内での男女交際を禁じるという契約はどうだろうか?

　独身の男女が交際を考えるのは人間としての権利であり、憲法でも幸福の追求は保障されている。したがって裁判に発展すれば、まず会社に勝ち目はない。クビを撤回できるのはもちろん、慰謝料を取れる可能性大だから、弁護士に相談して戦ってほしい。

13 セクシー社員の誘惑に既婚者のオレも降参だ

【 民法第**709**条
損害賠償の義務 】 法律に違反する行為によってなんらかの被害をこうむった
人に対して、加害者が賠償する義務があることを定める

【 民法第**770**条
第1項1号 】 結婚相手の不貞行為によって夫婦関係の継続が困難な
状態になった場合に、離婚を申し立てる権利

不倫の証拠を押さえられたら
裁判での勝ち目はない

——オレ、内緒で職場の美人社員と付き合っている。でも、ついに妻にバレて、弁護士を立てて離婚調停を申し出てきた。しかも、彼女と俺に損害賠償を請求するらしい……。

　法律用語では不倫は「不貞行為」といい、**不倫は立派に法律に違反する行為**とされている。刑罰こそないものの、夫婦は結婚生活を営む権利があり、その関係を妨害した不倫相手には、賠償請求することができるのだ。

　法的に不倫が認められる例としては、以下のようなものがある。

- **肉体関係がある場合**（肉体関係がなくても、ラブホテルや旅館などで長時間一緒に過ごしていた場合は、不倫として認められることがある）
- **法律婚や事実婚の状態にあるパートナーが家を出て第三者と同棲しているなど、パートナーとの生活を壊していると判断される場合**
- **法律婚や事実婚の状態にあるパートナーが、パートナー以外の人と交際していることが分かるような内容**（愛してるなどの言葉）**が見られるメールなどをやり取りしている場合**

　こういった行動の証拠が押さえられ、裁判に訴え出られたら勝ち目はないと言ってもいい。逆に言えば、配偶者以外の異性と会っていてもこれらに該当することがなければ、不貞行為として認定されるのは難しい。

　社内不倫がバレれば、当然会社にいづらくなるだろう。退職を迫られるかもしれない。代償の大きさを考えれば、こうした行為は自制するのが一番なのだ。

　当然のことながら、妻が不倫を行った場合には、あなたが訴えることができる。法律上の時効は妻が不倫相手と別れてから３年以内。訴えるつもりなら、時効が来ないうちに弁護士に相談したほうがよい。

　離婚については178ページ参照のこと。

不正の黙認は違法 通報しなければ あなたも危うい

CONTENTS

会社は不正がバレにくい「密室」だ
これからは逮捕もクビもありうる

　ここまで、「会社の中では、法律に違反する行為に対する罪の意識が希薄になりやすい」と、繰り返し説明してきた。

　コンビニで100円のお菓子を万引きしたら、警察官がやってきて、問答無用で逮捕されることくらい小学生でも知っている。だが、**10万円の残業代をわざと払わなくても、経営者が逮捕されるケース**はまれだ。これはセクハラしかり、パワハラしかりである。

　会社の外でなら自制する行為が、会社の中では横行している。残念だが、これが日本の会社組織の実情だ。

　さらに困ったことに、会社の中は「密室」である。証拠を確保しにくいうえに、被害にあっても処罰を求めにくい。

　非常に腹立たしい話だが、会社のこのような不透明な環境に、誰もが救われている側面がある。

　たとえば、「これくらい別にかまわないだろう」と思える行動が、法律上、意外に重たい罪だということがある。このような場合でも、会社は穏便にすませようとすることが多い。違法者は厳重注意や始末書で済んでしまうこともあったし、刑事事件として告発されるケースはないに等しかった。

　だが、これからは違う。コンプライアンス意識が高まり、企業間の競争が激化していく中で、会社は些細な法律違反でも、クビや配置転換のための格好の材料として使ってくるだろう。場合によっては警察に告訴するケースも増えるはずだ。

　このPARTでは、私たちが会社生活のなかで踏んでしまいがちな、「法律違反の地雷」についてまとめた。

テレワーク中ヒマだし
ネットフリックス観てる

【 刑法246条2項 電子計算機使用詐欺罪 】

事実でないデータを意図的に作り出して、不法に財産を得る行為や、テレワークでさぼりたいためにログイン時間を操作したりなどといった行為を禁じる。10年以下の懲役刑

自宅勤務のサボリは意外とバレる
懲戒免職や解雇などの処分も

——うちの会社もコロナ禍でテレワークが認められるようになって、週2日は自宅で仕事することになった。でも実はあんまりやることなくて、ネットフリックスで映画ばっかり観てますけど、問題ないでしょ？　仕事はきちんと終わらせているんだからさ！

新型コロナウイルス問題以降、テレワークで仕事を行う企業が増えた。上司の監視がなくなれば、サボりたくなるのは人情。だがサボっていることがばれれば、少なくともその時間分の給料は返還を求められる。

また、**サボるのが常態化しているとみなされれば、会社は懲戒処分や解雇に踏み切る可能性が高い**。最近は会社が貸与するパソコンに、使用時間や、見ていたサイトのログを取るソフトウェアを入れていることが多い。その場合、万が一会社側が解雇と言い出した際には、反論する材料を見つけるのは難しいだろう。サボリは簡単にバレてしまう可能性があることは、覚えておいたほうがいい。

あなたにコンピューターの知識があって、パソコンの使用時間やどのサイトを閲覧したかといったログを編集、サボった証拠を抹消しようと考えているのなら、やめておこう。刑法246条2項の電子計算機使用詐欺罪に問われる可能性も出てくるからだ。会社側から告訴されれば、最大で10年の懲役刑となることもあり得る。

このように手に余るほど待機時間が出る場合は、テレワーク中の空き時間にできる仕事を会社に提言すべきだろう。あなたの提言はきっと歓迎されるはずだ。

どうしてもサボりたいというのなら止めないが、絶対にバレないよう細心の注意を払おう。

02 | 会社のボールペンは タダでもらえて助かる

お前が
会社に帰って
これなくなるぞ

2〜3本
持ち帰っても
いいっすよね

この法律で身を守れ！

【 刑法第**252**条
単純横領罪 】
自分が管理している他人の物を着服して使ったり、売却した場合に問われる。会社から管理を任されている備品や消耗品を着服した場合も同様。5年以下の懲役

【 刑法第**235**条
窃盗罪 】
他人の財物を盗んだ場合に問われる。10年以下の懲役もしくは50万円以下の罰金

【 刑第法**246**条
詐欺罪 】
他人をだまし、財物を自分の物にした際に問われる。無賃乗車や無銭飲食など、本来有償のサービスを不法に受けた場合もこの罪に問われる。10年以下の懲役

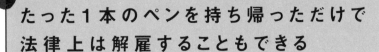

たった1本のペンを持ち帰っただけで 法律上は解雇することもできる

——家でも仕事できるように、文房具を会社から多めに持ち出して家に置いている。ここだけの話、その文房具は家族も使っていて、「パパ、お願いね」と言われれば、会社から持ち出して補充したりしているんだよね。仕事とプライベートとの線引きが難しい職業だし、文房具といってもどうせ安いものだから大丈夫でしょ！

テレワーク全盛のご時世だから、ついつい会社から支給される消耗品を持ち帰る人も多いかもしれない。だが、私用目的で持ち帰るのは絶対にやめたほうがいい。

当たり前のことだが、会社から支給される文房具などは仕事に使ってもらうために会社が無償で提供しているものだ。つまり、**ペン1本であっても私用で使うために持ち出せば、窃盗罪や横領罪に問われる可能性がある**。

極論だが、会社がどうしてもあなたのクビを切りたいのなら、あなたを身辺調査すればいい。社名の入ったボールペンを1本でも発見し、「これはなんだ!?」と詰問すれば、あなたに身を守る余地はなくなるのだ。

また、あまり深く考えず、**私用で使う消耗品や物品の領収書を経費で落としている人もいるかもしれないが、これは詐欺罪に問われる可能性が高い**。こうした行為は、会社にわざわざ「クビにしてください」と言っているようなものだし、会社から告訴されて前科者になる可能性もある。

もしテレワークなどで会社の備品や消耗品を持ち帰らなければならない場合は、必ず上司に確認し、記録を残すこと。後日あれこれ言われたときに、許可を得た証拠を提示し反論できるようにしておこう。やりすぎと思うかもしれないが、「法的リスクを減らす」というのは、こういうことなのだ。

03 顧客リストのあの美人 デートに誘っちゃおう

調べたらお前も後日
取り調べだぞ

連絡先
調べちゃおうかな

顧客リスト

【 個人情報データベース等不正提供罪 】

社員や出入り業者が、会社が保有しているデータベース上の情報を業務以外の目的で盗み出す行為を禁ずる。1年以下の懲役または50万円以下の罰金

【 ストーカー行為等の規制等に関する法律（ストーカー規制法） 】

特定の個人につきまとうストーカー行為を規制する法律。実生活でのつきまといだけでなく、ネット上でのつきまとい行為も規制。1年以下の懲役または100万円以下の罰金。警察から逮捕される前に指導を受けていて、注意を無視してつきまとい行為を繰り返した場合は、さらに刑罰が厳しくなる場合がある

業務目的以外に個人情報を使うと
すぐにバレるし逮捕やクビもありうる

――先日、目が覚めるような美人のお客さんと出会ったんです。今回ばっかりは気持ちを抑えられそうにありません。何か理由をつけて、顧客名簿から連絡とってみようと思ってます。なあに、ヘマはしませんよ……。

　気持ちはわからないでもないが、やめろと強く忠告したい。

　会社の名簿を不正な利益のために流用すると、改正個人情報保護法に盛り込まれた個人情報データベース不正提供罪にモロに抵触するからだ。

　そもそも顧客名簿をはじめとした個人情報を企業が取得する場合、個人情報保護法という法律で厳しい規制を受ける。その規制の中でもっとも重要視されているのが、「何のために個人情報を集め、どのような目的で利用するのか」という点だ。

　つまり、**業務目的以外の行為で個人情報を使うと違法となる**のだ。以前はこの点がゆるかったが、個人情報保護法が改正されて以来、厳しく取り締まられることとなった。

　この改正で一層厳しく処罰されるようになったのが、会社の顧客名簿などの個人情報を社員や出入り業者が不正に利用したケースだ。

　会社も決してバカではない。**個人情報が流出したとなれば、その出所ぐらい、すぐに察知する**。いくら営業にかこつけても、口説いたりすれば会社から即、通報され、お縄になるのがオチだ。

　また、女性から会社に連絡が入らなくても、女性が警察に通報し、ストーカー規制法違反で逮捕されることもあり得る。誰しも、仕事で積み上げてきたものが必ずあるはず。安易な公私混同は慎んだほうが、身のためといえるだろう。

04 | 副業が儲かりすぎて 笑いが止まりません

この法律で身を守れ！

【景品表示法】 いわゆる誇大広告を規制する法律。医薬品や化粧品などの効能を大げさに表現した場合のほか、さまざまな厳しい規定がある。悪質な場合は2年以下の懲役または300万円以下の罰金。もしくはその両方

【商標法】 ビジネスを行う者が、自社の商品やサービスを覚えてもらうために、トレードマークや商品名・サービス名の独占使用を認める。権利者に無断で登録されたトレードマーク等を使用した者は10年以下の懲役または1000万円以下の罰金。もしくはその両方

【薬機法】 化粧品や医薬品の安全性を保つための一定の規制

副業はすべて自己責任
あらゆる法的リスクに細心の注意を払おう

――夫婦で、海外の業者から日本未発売の基礎化粧品やコスメを仕入れ、ネットで転売する副業を始めた。それがいまでは収入が給料の2倍以上。もう笑いが止まりませんわ！　しかし、ある日警察が！　仕入れた商品に偽ブランド品が入っていて、商標法違反でタイホ。しかも厚生労働省から認可されていない化粧品だったから薬機法違反のうえに、ホームページの広告が大げさすぎるということで景品表示法違反のトリプルパンチ。俺たちいったいどうなるの……？

　これは私が過去に取材した中で、本当にあった話である。

　サラリーマンは、決められた時間の中で、会社に指示されたとおりに働くとカネをもらえるという思考が染みついている。

　ところが副業はまったく違う。**自分が法律上の責任をすべて背負う義務がある**のだ。これを無限責任という。無限責任下では利益が出なくても契約した相手との仕事は責任をもって終わらせなければならないし、法律に違反すれば逮捕されることもある。

　トラブルを回避するには、副業を開始する前に弁護士に相談し、法律に触れるリスクがないか、確認しておくことだ。「弁護士に相談」というと大ごとのように感じられるかもしれないが、多くの弁護士が、初回の相談として30分5000円程度の金額を設定している（215ページ参照）。

　経理についても勉強しておいたほうがいい。最低でも確定申告が自分でできる程度の知識は身につけておかないと、余計に税金を払ってしまって利益すら得られず、副業をやるメリットがなくなることが多いからだ。

　また、副業ぶんの納税は正確かつ正直に。誤りがあれば、後日、税務署からの追徴課税に震え上がることになりかねないことを覚えておきたい。

副業をすると雇用保険がもらえなくなる

　また、副業をやる際には、万が一会社をクビになったり、倒産した場合には、雇用保険（失業保険）がもらえなくなることは知っておくべきだ。

　雇用保険は無条件に給付するものではない。069ページでも見た通り、自分の意思での退職の場合、退職日から7日＋3ヵ月後が支給開始日となる。

　100日近い日数をかけてはじめて支給となるのは、「働ける人はさっさと次の仕事を見つけて働いてくれ」が基本姿勢だからだ。

　副業はあくまでサブの収入源であって、給料が止まったら生活していけない人もいるだろう。

　残念だが、会社員を辞めて収入がない状態になっても、副業をしていると法律的には個人自営業とみなされるので、金銭的な補償はない。個人自営業主は利益が出なくても働かなければならないし、**副業をしていると失職とは認められない**。そのため、雇用保険は給付されないのだ。

　雇用保険という選択肢を残しながら副業をしたいのなら、パートやアルバイトなどの形態で働けばよい。この場合、勤め先の会社がダメになっても雇用保険が受けられるだけでなく、本業、アルバイトとも労災が適用される。安心して働けるというメリットがあるのだ。

　パートやアルバイトを探す際に注意してほしいのは、「委託」や「請負」だ。この言葉が入った仕事は個人として仕事をすることになるので、あなたは個人事業主となる。給料や労災は保障されないし、本業がダメになったときには雇用保険は受給できない。

　ちなみに、最近見かける飲食店から個人宅への出前代行もほとんどが「委託」で、給料・労災・雇用保険は保障されない。この手の仕事は、こうした配送業や建築関係、コンピュータエンジニアなどの募集で見られることが多い。もちろんほかの職種でも存在するから、注意してほしい。

働けばカネが入るという考えは危険

　繰り返し言うが、「働けばカネがもらえる」というのはサラリーマンの発想だ。副業はほとんどが法律上、個人自営業としてみなされるから、「自分がやりたい」以上に採算性を考えることが重要だ。利益が出ず、会社の給料を食いつぶしてしまうようならば、本末転倒もいいところだ。

　また、前述のように特に問題ないと考えていた「おいしい」副業が、実は法律に違反していて処罰の対象となるケースは意外に多い。

　さらに注意していただきたいのは、個人の非商用で行う場合は問題ないが、ビジネスとして行う場合は厳しい規制があることも多いという点だ。

　たとえば、不用品をフリマサイトなどで売却するのは問題ない。

　だが、**無許可でビジネスとしてあちこちから不用品を仕入れ、利益を乗せて転売すれば、古物営業法違反**となり、3年以下の懲役または100万円以下の罰金が科せられる場合がある。

　このような例はいくらでもある。思わぬ法律の落とし穴に落ちないためにも、事前に自分でよく調べるだけでなく、弁護士に相談しておくことが大事だ。

ここがPOINT！

☑ そもそも副業で利益が出るのかよく計算すべき。儲けが出ないならデメリットのほうが大きい場合もある

☑ 法律上、自営業としてみなされる副業を行った場合、本業で失業しても雇用保険が受給できなくなる。もし、雇用保険を受給したいなら、休日や就業後に単発でできるアルバイトやパートを選ぶほうがよい

☑ 最近は、アルバイトやパート募集で個人自営業として働く仕事が混ざっている場合が多い。「委託」「請負」と書かれている募集は要注意

05 | 競争とか大変なので 密室で密約結んでます

この法律で身を守れ!

【 私的独占の禁止及び公正取引の確保に関する法律 (独占禁止法) 】

会社の経済力を利用してほかの会社が不当にビジネスで競争できなくしたり、複数の企業で商品やサービスの価格を決めて、第三者の企業が価格競争できなくなることなどを防ぐ

ビジネスの公正な競争を妨げる取り決めや
「企業間パワハラ」は違法

——うちで製造する家電製品が、量販店から買いたたかれている。原因は、過熱する値下げ合戦だ。そこで、量販店にうちが希望する価格で販売してもらうことを条件に、リベートをいっぱい出す密約を交わしたんだ。でもこれってヤバいんじゃないの？

　結論からいうと、あなたの会社は独占禁止法という法律に違反している。日本では、**複数の企業が競争しあって、価格に見合った製品やサービスを提供する環境を維持しなければいけない**とされている。したがって、メーカーが販売店に対して「この価格で販売しないと商品を卸さない」というような制限を付けることは、基本的に禁止されている。

　また、メーカーなどの商品やサービスを提供する企業が結託して、製品やサービスの価格を同じ価格に決めてしまい、健全な競争を回避する行為は「カルテル」と呼ばれ、これも禁止されている。

　これら以外に、大企業以外で独占禁止法に抵触する可能性が高い行為としては「入札談合」「優越的地位の濫用」が挙げられる。

「入札談合」とは、入札、すなわち公共工事などで金額を決めて、もっとも安価な価格を提示した企業に仕事を発注して受注業者選定をする際に、あらかじめ入札に参加する業者が集って入札価格を相談、不正に落札業者を決めることをいう。

「優越的地位の濫用」とは、いわゆる下請け業者などに「ウチの商品を買わないと仕事を発注しないよ」とほのめかして、力関係を利用した「企業間パワハラ」を行う行為だ。

　この2つは、働いている会社の規模にかかわらず被害者になりうるし、また、加害者にもなりうる。

公益通報者保護制度でサイレント「倍返し」

とはいえ、優越的な立場や資本力を利用して圧力をかけてきた場合、なかなかノーと言えないというのもよくわかる。

でかい相手とケンカをするときは、真正面から組み合ってはいけない。**表向き「はいはい」と返事をしながら相手が法律に違反している証拠を集め、処罰する権利を持っている役所に通報**すればよい。この場合、独占禁止法違反で摘発してもらうことになるが、残念ながら各都道府県に窓口はない。

北海道、東北、関東および首都圏、北陸および中部地方、近畿地方、中国地方、四国地方、九州地方、沖縄県の各ブロックにある公正取引委員会所在地に足を運ぶしかないが、協力的で通報を歓迎しているのが特徴だ。被害の訴えはもちろん、ほかの企業の違法行為告発にも耳を傾けてくれる。

ちなみに告発した人や会社の情報は、公益通報者保護法に基づいて第三者に知らされることはない。つまり相手に知らされることなく、潰すことができるのだ。不正行為が公正取引委員会によって認められれば、公共入札の参加が制限される場合もあり得る。通報は、あなたが自分で証拠を集めて行うこともできるが、弁護士の指示のもと入念に証拠資料を用意し、告発手続きを任せられれば完璧だ。

企業間パワハラが認められれば罰金が科せられるが、それだけでは終わらない。ただちにその行為をやめるように命令が出されるのだ。ちなみにこれは、措置命令と言われている。

いかがだろうか？　法律さえ知っていれば、紙一枚出すだけで、立場を利用してゴリ押ししてくる取引先に一発カマしてやることができるのだ。

熱くなったり短気に流されるのがどれだけ不合理なことか、おわかりいただけると思う。

圧力をかけてくる大企業ほど実はもろい

　談合や企業間パワハラを仕掛けてくる企業は、おそらくあなたが勤めている会社より規模が大きな会社だろう。

　仕事や売上がなくなることを恐れて、言いなりになる気持ちはわからないでもない。だが、大きな会社ほど「法律違反だ」との指摘に対して実はもろい。

　上場企業は、大企業であればあるほど、不正が明るみになれば株価は下落する。受けるダメージは計り知れない。

　独占禁止法に違反する行為が認められると、ただちにその行為をやめるように命令が出されることは前述したが、罰則はそれだけではない。公正取引委員会のホームページに、企業の実名入りで違反行為が掲載されるのだ。この手の処罰は、大きな会社ほどダメージが大きい。

　そこで、もし自分の会社に圧力をかけられたら、「おたくがやっているこれって、独占禁止法に違反するけど、いいのかな？ うちは失うものないからチクっちゃうよ〜」という態度を取り、相手にゆさぶりをかけるのもよいだろう。

　このように、弁護士と相談のうえで交渉が可能なら、自分の会社の利益になるように交渉を進めてみるのもひとつの方法だろう。

ここがPOINT！

☑ 入札価格を企業間で決めて落札価格を操作する行為は違法。また、会社の経済力などを逆手にとって、取引先企業に製品の販売価格などを指示するのも違法

☑ 被害に巻き込まれそうになったら、毅然とした対応を。実は大企業ほど「法律違反だ」という指摘には弱い

外注先さんの接待攻勢にウハウハしています

この法律で身を守れ！

【 刑法第247条　背任罪 】

会社の立場を利用して、意図的に会社へ財産上の損害を与える行為を禁じる。違反者は5年以下の懲役または50万円以下の罰金

民間企業間の接待は問題なし
ただし背任罪には注意したい

　——A社からの接待攻勢に、ついつい仕事を出す約束をしてしまった。競争入札での見積書の金額は３位。金額に見合うメリットがあったわけじゃない。だけど、「長期的に見れば会社の利益になる」との理屈をつけて、A社の見積書を採用させた。これ、特に問題ないよね？

「ワイロ」という言葉が浮かぶかもしれないが、これは公務員に金銭や接待を提供することで便宜を図ってもらう行為のことを言う。したがって民間企業間では、接待じたいは基本的に問題はない。

　だが、この例のように、A社の提案に明確なメリットがないにもかかわらず、入札の結果を覆す行為はまずい。会社に意図的に損害を与える行為を行っているとして、背任罪で告訴される可能性があるからだ。

　背任罪とは、仕事上の立場を利用して意図的に会社側に財産上の損害を与える行為をいう。刑罰は５年以下の懲役もしくは50万円以下の罰金。安易に受け取ったリベートや接待の代償としては、あまりにも重たい。

「でも、長期的に見れば取引のメリットがある企業が存在するのも事実。リベートや接待目的でA社を選んだとしても、バレないんじゃないの？」

　その通りだ。結果として会社に損害を与えたとしても、意図的に損害を与えたことまでは証明しにくい。したがって背任罪は立証が難しい。

　とはいえ、悪事は続かない。リベートや接待を提供してきた下請企業の内部監査で不正の全容が発覚することもある。カネの流れについては警察より捜査能力が高い国税庁の摘発でバレてしまうこともある。

　また、接待で懇意になった企業に対して高い見積金額を出すよう指示、その企業に仕事を発注し、差額をリベートとして受け取る行為もよく耳にするが、手を染めるべきではない。いずれにせよ、接待やリベートからは一定の距離を置いておくことが肝要だ。

07 拾った画像を無断で 使ったら請求書が来た

【 著作権法 】

文章表現や絵画・写真・音楽など芸術や思想表現を保護する法律。作品を制作した時点で著作権が発生し、著作権者の死後７０年間、著作権が有効となる。著作権侵害は、権利者が訴えないと処罰されない（親告罪）が、10年以下の懲役または1000万円以下の罰金が科せられる

著作権は死後70年間維持される強力な権利
訴えられれば厳しい刑罰が科される

——うちの広報部、予算がないから写真とかイラストは、ネットで探した
ものを使ってる。ところが使った写真の著作権者を名乗る人から、「使用
料を請求する」っていうメールが届いた！

　著作権法については、あまり正確には知られていないように思う。

　著作権法で定めている「著作物」とは、思想または感情を創作的に表現
したもので、文芸、学術、美術、音楽の範囲に属するものと著作権法第2
条1項で規定されている。

　著作権は、特許などとは違って、役所に届出をする必要がない。著作物
を制作した時点で自動的に発生すると決められている。また、特許は最大
で20年しか権利が付与されないが、著作物は、著作権者の死後70年間は
著作権が維持される。特許などより強力な権利なのだ。

　違法アップロードなど**著作権者への損害が大きい場合は、刑務所入りと
なった事例もある。著作物を使用するなら、著作権者の許諾は必須。不明
の場合は、使用しないほうが賢明だ**。

　注意しなければならないのは、著作物は同一性保持権という権利が保障
されていること。つまり、元の著作物をベースにして新しい著作物を作る
ことは、原則として違法なのだ。二次制作小説やマンガなどが取り締まり
を受けることは少ないが、本来違法性があることは理解しておきたい。

　また実際の著作物には、複数の権利が発生していることがほとんどだ。
音楽や映像作品は、作品自体の著作権とは別に、作品中で重要な役割を果
たしている歌手や俳優に「著作隣接権」という権利が生じる。

　音楽や映像作品は、楽曲やシナリオだけではなく、それを表現する歌手
や俳優の力が欠かせないため、このような権利が認められているのだ。

08 不正を見逃すから おカネちょうだい

【 会社法第967条 不正の請託に関する処罰規定 】

会社の取締役ほか監査役などが、取引先に不正な頼み事の依頼（法律に違反する行為）と引き換えに、リベートや接待を受け取った場合に処罰する規定。実際にリベートを受け取らなくても、約束した時点で犯罪が成立する。違反者は5年以下の懲役もしくは500万円以下の罰金刑（リベートを支払った側は3年以下の懲役もしくは300万円以下の罰金刑）

民間企業でのリベートは基本的に合法だが 不正行為が条件ならもちろん違法

——うちの社長がさ、取引先にリベートを要求しているらしい。そんなのどこにでもある話なんだけど、実は下請に手抜き工事を指示してるんだ。「役所に出す検査で合格にしてやるから、鉄骨を適当に間引いて浮いたカネの一部を社長にリベートとして払え」っていうことらしい。これって、賄賂じゃないの？

リベートとは、ビジネスを促進する目的での一定の条件を満たした場合に支払金額の一部を払い戻すこと。キックバックやインセンティブともいう。

あまり知られていないが、贈賄罪・収賄罪というのは、公務員がワイロを求めた場合、もしくは公務員にワイロを送った場合に成立する犯罪だ。したがって、**民間企業の間ではリベートや謝礼金は基本的にアリで、犯罪には当たらない**。が、当然線引きはある。

例のように、株式会社や有限会社の代表者が不正行為と引き換えに取引先企業にリベートや接待を要求すると、会社法第967条違反で逮捕される。刑罰は5年以下の懲役もしくは500万円以下の罰金だからきわめて重い。

ちなみにここで言う不正行為とは、誰が見ても正当な取引ではない違法行為で便宜を図った見返りに、リベートや接待を要求する行為をいう。

上記の例では、公共工事で建物の鉄骨を不正に抜くことを指示し、検査合格のハンコを押す代わりにリベートを求めることがこれに当たる。

会社法は意外に厳しくて、この例とは逆に、リベートを支払って取引先に違法行為を求めた場合はもちろん、不正行為と引き換えにリベートのやり取りを約束しただけでも、5年以下の懲役もしくは500万円以下の罰金が科せられる。もし、不正行為を条件としたリベートを求められたら、まずは明確な回答を避け、すぐに弁護士に相談したほうがいい。

09 | 上司の指示だし不正に手を染めるしかない

落ち着け
チンピラかお前は

上司の命令なんで
ちょっと脅してきます

この法律で身を守れ！

【 刑法第**60**条
共同正犯の処罰規定 】 自ら進んで、他の者と犯罪を行った者や、指示されて犯罪を行った者を処罰する

【 刑法第**62**条**1**項
幇助犯の処罰規定 】 犯罪を行う者を手助けした者（幇助犯）を処罰する

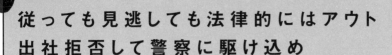

従っても見逃しても法律的にはアウト
出社拒否して警察に駆け込め

――うちの上司がさ、入札でいつもぶつかる取引先を入札に参加しないように脅かしてこいって言うんだよね。その取引先は、うちが仕事を出してる下請で、売上の4割はうちからのもの。そこにつけこんで、「入札を辞退しないと干すぞ！」と脅してこいって言うんだよ。これって違法だろ？

　この場合、判断が難しいが、沈黙を守っていても処罰される可能性がある。**上司と同じ仕事をしていて、かつ、上司が罪を犯そうとしているのを知りながら黙認した場合、「幇助犯」すなわち犯罪を行う者の手助けをした者として処罰されるケースがある**からだ。

　また、上司の指示に従って取引先に圧力をかけて脅かせば、あなたは、「共同正犯」（罪を犯す者と共同で罪を犯した者）として、まず間違いなく逮捕される。

　「上司の命令だったから」という言い訳は通用しない。**法律にうとい人でも、社会人なら警察に駆け込んで相談するくらいの判断はできるだろうとみなされる**からだ。いずれにせよ、自分の身を守るためにも指示には絶対に従わず、上司の処罰を申し出たほうがいい。

　上司が圧力をかけてくるなら、出社しなくても構わない。違法行為を強要されるのを防ぐために出社を拒否したのだから、上司の違法行為を証明できれば弁明ができる。「逃げるは恥だが役に立つ」のだ。

　会社にいると麻痺してしまいがちだが、私たちは法律というルールの中で生活している。法律に違反する者の処罰を求めた者が不利な状態に追いやられるのは理不尽だ。法律はそのようなことが起きないようにサポートしてくれる。

　次ページで違法行為の告発について説明しているので、ぜひ参考にしてほしい。

10 | 不正はマジ勘弁なので告発することにした

この法律で身を守れ！

【 刑事訴訟法 第239条1項 】 誰にでも犯罪の告発を行う権利があることを規定

【 公益通報者 保護法 】 会社内での犯罪行為などの内部告発を行った者を法的に保護する

社内の専門部署か社長室に駆け込め
グルなら警察もしくは検察庁へGO!

——上司の不正を知ってしまった。見て見ぬふりをしていたら「幇助罪」、上司の指示に従い協力したら「共同正犯」として逮捕されるとも。こうなったら内部告発しかない……。

内部告発を行う場合、大企業であれば、まずは「コンプライアンス室」「監査室」のような、社内の違法行為を取り締まる部署に訴え出よう。中小企業ならば、社長などの会社代表者に相談する。

ただし、会社ぐるみで不正を行っている場合は、告発が握りつぶされる可能性大だ。そのため、十分な見極めが大事になる。

警察や検察庁など外部の行政機関に告発する方法もあるが、提出する証拠資料には細心の注意が必要だ。なぜなら、行政機関が告発者を会社側に知らせることは決してないが、**提出した資料から誰が告発したかバレてしまうことがよくある**からだ。

少しでも不安があれば、内部告発の実績がある弁護士に相談することをおすすめしたい。告発の内容によっては行政機関の管轄の関係でたらい回しにされてしまうことがあるが、弁護士が間に入れば防げる。

内部告発を行った者の会社での地位は保障されることになっているが、不正が広く及んでいる場合、あなたを解雇しようという圧力がかかる可能性がある。

内部告発に長けた弁護士は、トラブル回避策も持ち合わせている。告発をちらつかせて会社側に賠償金を請求したり、会社の不正に巻き込まれて出勤できなかった分の給料を請求するなど、最大限あなたのメリットになる提案をしてくれることだろう。

また、報復の防止策を持っているはずだから、相談の際は、告発以降のシナリオについてもよく打ち合わせるといいだろう。

日常生活にひそむトラブルは刑務所直結案件多数

常識的な大人としての振る舞いが
裏目に出ることもある生活トラブル

　このPARTでは、生活の中で遭遇するトラブルについて解説していく。
法律は、私たちの社会常識とはかけ離れた判断をする場合が多い。
常識的な考えで対応していると、本当は罪を犯していなくても犯罪者で
あることにされてしまい、くつがえすことが難しくなる。

　特に逮捕された場合は、初動がきわめて重要である。冤罪であれば、絶
対に罪を認めてはならないのだ！

　初期対応のマズさゆえの逮捕と収監は、他人事ではない。

　誰にでも起こり得るありふれたトラブルが、わずか数時間の対処がマズ
かったばかりに刑事事件に発展し、犯罪者として投獄されてしまったケー
スは少なくない。

　また、罪を犯してしまった場合でも、どのような経緯で罪を犯してし
まったのかを正確に主張しないと、予想外に重い刑罰を負いかねない。執
行猶予（実際に刑務所に収監されず、社会生活を送らせたうえで反省をうながす措
置）が期待できた事件であったとしても、実刑判決が出て刑務所へ行くこ
ともありうる。

　こうした刑事事件には弁護士のサポートが不可欠だが、**弁護士が入るま**
での間、まずは自分自身で警察や検察の追及を否定し続けることがなにより
りも大切だ。この間の対処方法についても詳しく解説していくが、
　あわせて冤罪を防ぐ方法にも触れるつもりだ。冤罪は決し
て他人事ではない。

　怖がらせてしまったかもしれないが、法律は怖れるべきも
のではなく、窮地に陥ったときに助けてくれる頼もしい懐刀
でもある。それゆえ、生活で窮地に陥ったときに使え
る法律とその活用方法についても触れておいた。

電車でゲームしてたら突然「この人痴漢です」

この法律で身を守れ！

【 刑事訴訟法
第203条 】 警察が、犯罪を犯したと思われる者（被疑者）を逮捕した場合、48時間以内に証拠を固めて検察庁へ送致できない場合は、身柄を釈放しなければならない

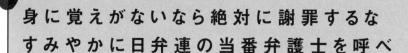

身に覚えがないなら絶対に謝罪するな
すみやかに日弁連の当番弁護士を呼べ

——通勤電車のつり革につかまって、スマホでゲームしてたら、目の前に立ってた女性が振り返って叫んだ。「この人痴漢ですっ！」オレ、つり革につかまってるじゃん。なんてことも言えず、次の駅で引きずり降ろされた。あっと言う間に警察がやってきて、両脇をつかまれて連行。オレ、このまま前科者になっちゃうの……？

　男性諸君はみな、これを読んで震え上がったことと思う。

　まずはこうした事態に巻き込まれたときに、身の潔白を証明する方法から解説していこう。

　痴漢だと言われたら、対象女性に対し絶対に謝罪してはいけない。

　日本人の常識的な考えでつい謝ってしまいがちだが、仮に刑事裁判にかけられた場合、この常識が仇となる。裁判所は「身に覚えがないのなら、なぜ謝ったんですか？」と一蹴、あなたを有罪にしてしまうからだ。

　こうした場合は、身に覚えがないことを根気強く訴えつつ、次ページを参考に日弁連の当番弁護士を呼ぶことを要求したい。

　また、押し問答になったとき、**相手の女性の衣服には絶対に触れない**こと。警察は物的証拠を検察庁に送るために、女性の衣服の繊維があなたの手のひらに残っていないかを検査する。女性の衣服に触れてしまうと、あなたが痴漢を行ったという証拠をわざわざ作ってしまうことになる。

　まずはこのふたつを頭に叩き込んでいただきたい。

　つぎに守ってほしいのは、**逃亡しようとしない**ことだ。

　駅には防犯カメラがあちこちにあるし、自動改札の履歴情報を調べれば簡単にあなたにたどりつける。こうなると最悪だ。警察は証拠を隠滅しようとして逃げたと判断、刑事裁判に発展した場合、とことん不利な立場になってしまう。

駅事務所には行かずその場で弁護士を呼べ

「この人、痴漢よ！」と言われて怖くなり、線路に降りて逃げた人が過去にいるが、許可なく線路に降りた場合、鉄道営業法違反で処罰される。それが原因で電車のダイヤが乱れれば、億単位の賠償金を請求されかねない。

さらに、走って逃げる途中で通勤客にケガをさせたりしてしまったら、今度は傷害罪に問われる。傷害罪は痴漢よりはるかに罪が重いから、絶対に逃げてはダメだ！

周囲の乗客から駅に降ろされた場合、**駅係員が事務所に連れていこうとするが、断固として拒否**し、「弁護士を呼びます。警察の方を呼ぶなら、この場に呼んでください」と伝えよう。

「弁護士に縁はないけど、弁護士を呼べるの？」そう思う方もいるだろう。

実は日本には、当番弁護士制度というものがある。これは日本弁護士連合会（日弁連）が提供するもので、**警察に逮捕されたときなどには、１回だけ無料で弁護士が対応してくれる**というものだ。

可能ならばスマホで最寄りの弁護士会をチェックし、「当番弁護士の対応を依頼します」と伝えてほしい。

また、この場で家族に電話しておくのがきわめて重要。その際には「痴漢冤罪に巻き込まれていること」「どこの駅で警察を呼ばれた」このふたつを必ず家族に伝えてほしい。

特に弁護士への依頼を家族に託す場合は、後者は絶対に欠かせない。逮捕後は、家族へも電話連絡ができなくなる。家族が弁護士につないでくれたとしても、弁護士はあなたが逮捕されている可能性がある警察署をしらみつぶしに当たらなければならなくなるのだ。

痴漢冤罪では、「弁護士の手配が遅れれば遅れるほど無実を証明するのは難しくなる」と認識していただきたい。

個人情報を開示すると逮捕されないケースも

逮捕前に弁護士に連絡することに成功したら、駅で弁護士の到着を待ってほしい。その際に、警察官から住所氏名などの個人情報の供述を求められたら隠さずきちんと伝えたほうがよい。**個人情報を隠すと、「逃亡する恐れあり」と見なされ、逮捕される可能性が高くなる**からだ。

実際のところ、弁護士立ち会いのもと、運転免許証などの公的な身分証明証を提示すると、逮捕されずに帰されるケースもある。ただし、後日呼び出しを受けて逮捕・検察庁へ送検ということはあり得るので、解放されても油断せずに、弁護士と今後のことについて対策を練ることだ。

一方、弁護士の到着が間に合わない場合は、任意同行という形で警察署に連行されることがほとんどだ。この場合は「当番弁護士を呼んでほしい」としつこく繰り返し警察官に伝えること。

当番弁護士が到着する間も警察官は取り調べを進めようとするだろう。

痴漢は冤罪が多いため、ここ数年は警察も自供だけではなく、物的証拠を残すことを強く意識するようになってきている。そこで重要な物的証拠となるのが、手のひらについた繊維片だ。

あなたが本当に痴漢行為を行っていたのなら、被疑者の手のひらには、女性の衣服の繊維片が大量に付着している。警察官から自供を促されたときには、警察官にこのことをつついてみるとよいだろう。**手のひらを調べても物的証拠は見つからず、さらには容疑を否認しているとなると、警察は検察庁への送致をあきらめる可能性が高い**からだ。

このように、たとえ不本意ではあっても取り調べには応じたほうがいい。

ただし、警察官から渡される供述調書には、署名捺印してはダメだ！

供述調書とは、あなたが問われている罪についてあなたが罪を行ったと認める書面のことである。これに署名捺印してしまうと、ほぼ100パーセント冤罪は覆せない。だから警察官から恐ろしい言葉で恫喝されたとしても、絶対に署名捺印はしてはならないのだ。

冤罪をはね返す4大原則

もう一度、冤罪をはね返すための方法を整理しておこう。

1.逃げない

逃げると証拠を隠滅しようとしたと捉えられ、冤罪が覆せなくなる。

また、それが原因でけが人が出たりすると傷害罪に問われるうえに、電車のダイヤが乱れると、億単位の賠償金が取られることもある。

2.可能な限り早く弁護士に連絡する

弁護士の知り合いがいない場合でも、日本弁護士連合会が当番弁護士という制度のもと、逮捕時に1回だけサポートしてくれる。無視されてもしつこく当番弁護士を要求すべし。余力があれば、自分で当番弁護士に連絡して助けを求めるのもよい。また、家族にも連絡して、どの駅で警察に取り囲まれているかを伝える。当番弁護士を呼べない場合に備えて、家族からも弁護士を呼んでもらうようにする。

3.警察官には個人情報を隠さない

警察官から、住所氏名などの個人情報の提示を求められた場合、隠さないほうがよい。個人情報を隠そうとすると、逃亡の恐れがあるとみなされて、逮捕されることになりかねない。逆に免許証などの公的な身分証明証を提示すると、解放される場合もある。

4.供述調書には絶対に署名捺印してはいけない

警察署に連行されたら、弁護士が到着するまでの間にも取り調べが行われるが、その間も当番弁護士を呼んでほしいと主張すること。

取り調べ後、警察官はあなたの供述調書に署名捺印をしろとしつこく促してくるが、絶対に応じてはいけない。署名捺印は、あなたが罪を犯したと認めること。まず100パーセント冤罪を覆すことができなくなる。

警察官が恫喝しても絶対に応じず、弁護士の指示を仰いでほしい。

予防と事前の対策でトラブルを回避しよう

　いざ冤罪の容疑をかけられた際に、自分で対処するのはきわめて困難である。痴漢冤罪の予防には、事前の対策が大切だ。

　電車に乗る際は、女性に近づきすぎないようにしよう。両手でつり革をつかむなどして、誤解が生じない工夫をすることも大事だ。あるいは**日本弁護士連合会が提供している当番弁護士制度窓口の電話番号をスマホに登録しておく**だけでも、いざというときにはおおいに助かることだろう。

　また、損害保険会社などが提供している弁護士保険に加入しておくのもひとつの手だ。刑事事件の際の接見（警察署に弁護士がやってきて、アドバイスしてくれたり、弁護活動をしてくれる制度）費用だけでなく、弁護費用を捻出してくれる保険がほとんどのため、経済的にもとても助かることだろう。

　こういった損害保険に付随するサービスにも、注目すべきものがある。なかには専用のスマホアプリを提供し、インストールしておけば緊急時にはスムーズに弁護士に連絡が取れて、適切な対応をしてくれるというサービスなどもある。ネットで調べて、検討するのもわるくない。

　女性は男性と見れば痴漢であると疑っているわけではないが、万が一の場合を考えておけば心強いのは間違いない。

ここがPOINT!

- ☑ 痴漢冤罪の疑いをかけられたら、いかに早く弁護士に相談するかがカギ
- ☑ 日本弁護士連合会の当番弁護士制度を利用すると、警察に逮捕された場合は無料で1回だけ弁護士のサポートが受けられる
- ☑ 供述調書には絶対に署名捺印してはいけない。冤罪をほぼ100パーセント覆せなくなる
- ☑ 冤罪の疑いをかけられない工夫を常日頃行うこと

02 やっちまったよ 車の交通事故

【刑法第42条1項 自首による減刑】
罪を犯した者が、捜査機関が捜査を開始するまえに自主的に出頭し、罪を償う姿勢を見せた場合は、刑罰を減刑できることを規定

【危険運転致死傷罪】
アルコールや、薬物などで判断能力が落ちた状態で車などを運転し人を死傷させた者を処罰する法律。あおり運転などの危険走行も処罰の対象となる。人を負傷させた場合は15年以下の懲役、死亡させた場合は20年以下の懲役

【道路交通法 第72条1項】
交通事故加害者に対して負傷者の救護と警察への通報を義務化

すぐに救急車を呼び救護措置を
みずから通報すれば自首による減刑も

——ああ、嘘だろ……。一旦停止もしたし、左右確認もしたのに、交差点を出たとたんに自転車が突っ込んできた。自転車ぐちゃぐちゃ。しかも、乗ってた人がぴくりとも動かない。オレの人生、完全に詰んだわ……。

交通事故は、過失のあるなしにかかわらず、発生するのはほんの一瞬だ。

このような出会い頭の事故は、車を運転する人なら他人事ではないはず。もしもの際は、どのような対処をすれば罪が軽くなるのだろうか？

まず絶対にやってはいけないのは、その場から逃亡することだ。道路交通法第72条1項では、交通事故が発生した場合には、加害者が被害者の救護を行う義務があると明言されている。**もし逃亡して被害者が死亡すれば、運転の状況によっては危険運転致死傷罪に問われ、さらに罪が重くなる**。

運悪く事故を起こしてしまったら、その場ですぐに救護措置を取りながら救急車を呼び、その後すみやかに警察に通報すること。そうすれば仮に有罪判決が出たとしても、執行猶予が付くことは十分にあり得る。

そうなれば、刑務所入りという最悪の事態は免れられる。だから恐怖に駆られて逃げたりは絶対にせず、冷静な対応をしてほしい。

救護活動がいったん落ち着いたら、弁護士に依頼して示談を進めてもらうこと。被害者と治療費等で和解することも、裁判の判決に影響する。

また、ドライバーの大多数は自賠責保険だけでなく、自動車損害保険に入っていることだろう。弁護士から保険会社に連絡してもらい、被害者への治療費保証について相談してほしい。

被害者が示談に応じてくれると、裁判所の判決は軽くなる傾向がある。自発的かつ早急に、被害補償を行う姿勢を見せることが重要だ。

03 酒を飲んだのは昨日なのに飲酒運転とは

【 道路交通法 第**65**条**1**項 】 酒を飲んで車を運転することを禁止した法律。飲酒運転の事故増加から、2007年より罰則が強化

【 危険運転 致死傷罪 】 アルコールや、薬物などで判断能力が落ちた状態で車などを運転し人を死傷させた者を処罰する。飲酒運転だけでなく、あおり運転などの危険な走行によって事故を起こした者も処罰の対象。人を負傷させた場合は15年以下の懲役。死亡させた場合は1年以上20年以下の懲役

【 道路交通法 第**72**条**1**項 】 交通事故の加害者に対して、負傷者の救護と2次的事故の防止措置および警察への通報を義務化

酔いがさめていても飲酒運転になる
事故を起こしたら刑務所行きを覚悟しよう

――たしかに酒は飲んだ。だけど、昨晩の話だぜ。なのに、検問に引っかかった。オレはどうなるんだ……？

飲酒運転が違法行為だというのは誰でも知っている。にもかかわらず、なくならないのはなぜなのか？

それは、**酒に酔った自覚はないのに、血液中からアルコールが検出される「酒気帯び」状態で逮捕されてしまうことが圧倒的に多い**からだ。

ちなみに、呼気から0.15ミリグラム以上のアルコールが検出された場合は、酒気帯び運転となり、3年以下の懲役もしくは50万円以下の罰金が科せられる。また、摂取したアルコール量に関係なく、まっすぐ歩くことができなかったり、会話が成り立たないほど泥酔している場合は、酒酔い運転として5年以下の懲役もしくは100万円以下の罰金が科せられる。

酒気帯び運転の初犯は30万円程度の罰金刑というのが相場だ。だが、人をはねたりしなくても物損事故を起こせば、懲役刑が科せられることは十分ありうる。こうなると、**仮に執行猶予がついて刑務所に収監されなくても、会社をクビになるのは免れない。**

国も飲酒運転の根絶のため、2007年に道路交通法を改正して、飲酒運転の罰則強化を行った。もっとも大きな改正は、運転手本人だけでなく、「車に乗るのをわかっていながら、酒を勧めた人」「酒に酔っているのをわかっているのに、車を貸した人」「酒に酔っていることを知っていながら、運転を止めず、同乗した人」なども処罰の対象とした点だ。

地域の寄り合いなどで酒を勧め合う習慣がある地方も多いだろうが、ひとたび事故を起こせばドライバー以外も連座制で処罰されるということは、肝に銘じておくべきだ。

酒を飲ませた者や同乗者にも厳しい刑罰が

さて、ここで改正された道路交通法の罰則をご覧いただきたい。

①酒を飲んだ者に「車両を提供」した場合

- 違反者が「酒酔い運転」の場合
  5年以下の懲役又は100万円以下の罰金
- 違反者が「酒気帯び運転」の場合
  3年以下の懲役又は50万円以下の罰金

②違反者に「酒類を提供」した場合

- 違反者が「酒酔い運転」の場合
  3年以下の懲役又は50万円以下の罰金
- 違反者が「酒気帯び運転」の場合
  2年以下の懲役又は30万円以下の罰金

③違反者と「同じ車に同乗」した場合

- 「酒酔い運転」の場合（酒酔い運転状態であることを認識していた場合）
  3年以下の懲役又は50万円以下の罰金
- 「酒気帯び運転」の場合および上記以外の場合
  2年以下の懲役又は30万円以下の罰金

飲酒運転はドライバーのみならず、関係者も厳しく刑罰が科されることがわかっていただけると思う。

国は飲酒運転被害者家族からの要望に突き上げられ、さらに厳しい罰則を科すようになってきている。**死亡事故や、障がいが残るようなひどい人身事故を起こしてしまった場合には、さらに罪が重く刑期も長い危険運転致死傷罪が適用されるようになった**のだ。

危険運転致死傷罪で逮捕されたら厳罰を覚悟

危険運転致死傷罪は、飲酒運転だけを取り締まる法律ではない。

いわゆる「あおり運転」のような、「危険な運転で第三者を重大な被害に巻き込んだ者をより重く処罰するための法律」という側面も持っている。

あおり運転や飲酒運転など、事故が起こることを容易に予測させる危険な運転を行って人を負傷させた場合は、15年以下の懲役。人を死亡させた者は、基本的に1年以上20年以下の懲役となる。

事故を起こしてしまったら、時間を巻き戻すことはできない。できることは、少しでも罪が軽くなるように対応することのみである。

①まずは負傷者の救護を行う

なによりも優先してやるべきは負傷者の救護だ。119に連絡を取り、救急車を要請する。一般的に救急車が到着するまでは6分程度かかるといわれている。止血やAEDによる除細動措置、心臓マッサージなど、できることは行うこと。酒に酔っていて救護ができない場合には、周囲の人に助けを求め、負傷者の救護を依頼する。

②警察と弁護士会へ連絡する

次に警察へ連絡し、飲酒運転で事故を起こしてしまったことを連絡する。余力があれば弁護士に連絡し、警察から逮捕されたあとの接見を依頼すること。弁護士保険に加入している人はすぐに保険会社に電話するべきだが、そうでない人は最寄りの日弁連の弁護士会に連絡して、当番弁護士による弁護を依頼する（1回のみ無料）。

③逮捕後は弁護士の指示に従う

酒を飲んで事故を起こして無罪放免になることはない。だが、状況によっては減刑されることもおおいにありうる。

被害者との和解成立が減刑のカギに

　弁護士が警察署に来たら、現在までの経緯をできるだけ簡潔に説明することが大切だ。弁護士は限られた時間の中であなたがどのようにして事故を起こしたかを知り、警察（検察）や裁判所に対し、刑罰を軽くするための対策を立ててくれる。真摯に反省することは大事だが、刑罰を軽くすることをあきらめてはいけない。

　このタイミングで弁護士と話し合うべきは、警察に対してどのようなことを話すと不利に扱われるかを把握することだ。

　刑罰を受けるのは仕方ないにしても、自分なりの言い分があるはず。納得がいく裁判を行ってもらうためにも、弁護士には事件発生から今までの状況をはっきり確実に伝えよう。

　次に大事なのは、被害者とその家族と和解することだ。

　依頼した弁護士に、被害者の医療費や生活費の弁償を誠実に行うつもりであることを伝えてもらい、和解に向けて交渉してもらうのだ。もし、被害者本人やその家族が理解してくれて、和解を受け入れてくれたとしたら、減刑の可能性が出てくる。ただし、飲酒運転で加害者となった場合、どの損害保険も適用されないので、和解金の用意には苦労するかもしれない。

　いわゆる「あおり運転」や「悪質な飲酒運転」などの危険な運転と判断された場合は、罪を軽くするために当事者ができることはほとんどない。危険運転致死傷罪はそれほど厳しい法律なのだ。

　たとえば車をまともに運転できないほど酔っ払って運転、人を負傷させた場合には、15年以下の懲役。死亡させた場合には、基本的に1年以上20年以下の懲役となる。数年で刑務所から出所できる道路交通法とは次元が違うことが、懲役の年数からでも読み取れるだろう。

　酔いが覚めて危険運転致死罪の厳しさを痛感し、被害者家族に謝って和解合意に持ち込もうとする人もいるが、弁護士に相談してからがいい。

　感情的なやりとりだけに終始すれば、まとまる話もまとまらなくなる。

弁護士と判決の妥協点を決めておこう

　ここまでやったあとは、もう流れに任せるしかない。残念ながら警察は
あなたを無罪放免にすることはない。取り調べが終わると、検察庁に送致
されることになる。

　検察庁でも同様の取り調べが続くが、飲酒運転というあきらかな非があ
るのだから、不起訴になり釈放されることはまず考えられない。ほぼ間違
いなく起訴されるだろう。日本の刑事事件は起訴されると90パーセント
以上は有罪になると言われている。裁判で無罪に転じることはまずあり得
ない。

　であれば、弁護士と判決の落としどころについてよく話し合っておいた
ほうがいい。たとえ**無罪や執行猶予は無理でも、情状酌量を求めて刑を軽
くしていく裁判闘争はできる**わけだ。

　裁判官や検察官は、裁判中、あなたの一挙手一投足を鋭く観察している。
裁判官の心証を悪くしないよう注意すべき点について、裁判の前に弁護士
からアドバイスをもらったほうがよい。

　ほんの些細なことで刑罰の軽重が大きく変わってしまうことは少なくな
い。それを常に意識して法廷に臨んでほしい。

ここがPOINT！

- ☑ 飲酒運転は、刑罰が強化されている。また、飲酒運転を行った本人だけでなく、酒を勧めた人、車を貸した人、酒に酔っているのを知りながら同乗して止めなかった人も処罰される。酒に酔ってまともに歩けないような状態で運転して事故を起こした場合、さらに罪が重い危険運転致死傷罪が科せられるようになった

- ☑ 酒が抜けたと感じていても、実際は酒気帯び状態のことが多い。安易な運転は一生を棒に振ることになる

- ☑ 飲酒運転の事故は処罰を免れない。反省している姿勢を見せながら、弁護士と減刑方法について相談すべし

04 | 自転車だと油断して
運転が雑になります

うちの会社は自転車操業〜

この法律で身を守れ！

【 刑法第211条
業務上過失致死傷罪 】

ふだんから自転車を利用している者が、自転車の整備不良や信号無視といった、本人の過失によって自転車で事故を起こした場合、厳しい処罰を科す法律。5年以下の懲役もしくは禁錮または100万円以下の罰金

自転車は法律上「車両」として扱われる
ルールを守らない事故は5年の懲役も

——自転車で買い物に出かけたら、歩行者と出会い頭の衝突。警察がやってきてあえなく逮捕されてしまった。警察官が言うには、数年の懲役は免れないらしい。ブレーキが壊れた自転車で、信号を無視して事故を起こしたからだと言うんだが……。

　自転車は法律上、軽車両と呼ばれ、運転免許こそいらないものの、公道を通行する場合は車両としての扱いを受ける。つまり**走行中に歩行者をはねたりすれば、自動車事故と同様、厳しい処罰が待っている**のだ。

　たとえば、自転車に乗車中、人が急に飛び出してきたなど不可抗力な理由で人をはねてしまった場合は過失致死傷罪となる。被害がケガ程度であれば、50万円以下の罰金ですむ場合がほとんどだ。

　しかしながらこの例のように、整備をきちんとしていない自転車で、しかも信号無視で事故を起こしたとあればそうはいかない。業務上過失致死傷罪が適用され、5年以下の懲役もしくは禁錮または100万円以下の罰金に。さらに酒や薬を飲んでいたとしてさらに重い重過失致死傷罪となれば、まず間違いなく禁錮刑は免れない。

　昨今では、いわゆるママチャリでも時速15キロ、流行中のマウンテンバイクやロードバイクなら40〜70キロ程度のスピードは簡単に出る。歩行者に激突すれば、相手に障がいが残ったり、死亡するケースがあっても不思議ではないのだ。

　近年、自転車事故があまりにも増加していることから、警察も取り締まりを強化しているし、損害保険の強制加入を義務付けた地方自治体もある。自転車に乗る人は自治体に強制されていなくても、自転車の損害保険をかけておいたほうがよいだろう。車と同様に、自転車も不慮の事故に備えなければならないのだ。

この法律で身を守れ！

【 刑法第**36**条
　　正当防衛 】　身を守るため、武力で制止を図ったなど、違法行為で危険
回避を図った場合に、処罰を行わないことを規定

【 刑法第**37**条
　　緊急避難 】　猟犬に追いかけられてやむをえず他人の土地に逃げ込ん
だ場合など、身体や生命を守るために行った違法行為は処
罰しないと規定

強い者ほど正当防衛は認められにくい
ヤバいヤツからはとにかく逃げろ

——ドライブしてたらなんと、最近話題のあおり運転に遭遇。あっという間に回り込まれ、降りてきたのはサングラスかけたコワイ兄さん。新車のフロントガラスを車のキーで殴り始めたと思ったら、とうとうヒビが……。実はオイラ、極真空手5段なの。だからお灸を据えてやりましたよ！これって正当防衛だよね？

　気持ちはわからないでもないが、**正当防衛が認められる可能性は低い**。

　しばしば耳にする「正当防衛」という言葉だが、かなり誤解されているように思う。これについて規定した、法律の条文を見てみよう。

- **刑法第36条　正当防衛**

1.急迫不正の侵害に対して、自己又は他人の権利を防衛するため、やむを得ずにした行為は、罰しない。

2.防衛の程度を超えた行為は、情状によりその刑を減軽し、又は免除することができる。

　ポイントは1の、「急迫不正の侵害に対してやむを得ずにした行為は罰しない」という部分。平たく言えば、「いきなり襲われたうえに、やめてほしいなどと呼びかけたが制止することは困難だった。そうしたときに、やむなく最小限の攻撃を加えた場合は罰しません」という意味だ。

　だが、上記の場合だと空手5段のあなたが「やめろ！」と一喝すれば、迫力にビビって攻撃をやめる可能性もある。それが可能なら、まずはそうしなさいというのが法律のスタンス。

　それがダメで、やむなく最低限の武力で相手の加害を制止せざるを得なかった場合のみ、法律があなたを処罰することはない。これが正当防衛の言っていることなのである。

犯罪者から逃げるときは違法行為もやむなし

このように、正当防衛が成立する条件は意外に厳しい。

「口頭で制止を求めることが不可能だった」「袋小路みたいな場所に追い詰められて、逃げようがなかった」など、**誰が聞いても「それなら反撃もやむなし」と考えるような場合しか、正当防衛は認められない**。

この例のように、武道経験があるなど、あきらかに相手に必要以上の危害を加える可能性が高い場合は、過剰防衛として処罰される可能性が高い。たとえ反撃であったとしても、度が過ぎれば逆にあなたが犯罪者として処罰される。自分の身を守るためにも、逃げたほうが得策なのだ。

逃げる際に、他人の住宅や土地に勝手に入り込まざるを得ないこともあるだろう。通常なら住居侵入罪で処罰されるし、物を壊したら器物損壊罪で訴えられかねない。訴えられないにしても、損害賠償請求を求められることだろう。

だが、あなたの例のような場合には、身体への被害を避けるためにやむなく他人の土地へ逃げ込んだとして、刑法37条の「緊急避難」が適用される可能性が高い。**同法の緊急避難では、ほかに方法がなく、自分の生命や身体を守るためにやむを得ず違法行為を行った場合には、その行為を処罰しないと規定**している。また、その行為によって生じた被害についても、原則として賠償は問われない。

また罰しないだけでなく、たとえば他人の家の庭に車ごと突っ込んで家屋の一部を壊したとしても、家の持ち主が賠償を求めても支払う必要はないと判断される可能性が高いのだ。

さらにあなたの例の場合は、事故の原因を作ったのはあおり運転を行ったコワいお兄さんだ。あなたは被害から逃げるために、庭や建物の一部を壊してしまうことになっただけ。だとしたら、あなたは処罰されるべきではないと法律は見るのである。

証拠を残せば正当防衛が認められやすくなる

他者への攻撃はリスクが高い。

どうしても攻撃を加えるしかないと判断した場合は、録音や録画など、客観的な証拠を残すようにしてほしい。同乗者にスマホで録画してもらうのもよいし、ドライブレコーダーが搭載されているなら、車の前面に回れば自動的に録画される。

また、自分が攻撃を加える前に、同乗者に110番してもらうのもよい方法だ。警察は通報を24時間録音している。110番通報したのちに攻撃すれば、警察官の到着を待つ間に身に危険が及んだため、攻撃せざるを得なかったという説明ができるからだ。

いずれにせよ、どれほど頭にきたとしても、逆に自分が逮捕される可能性があることを忘れずに、慎重に対応したほうがよい。

武道や格闘技の経験者は特に注意が必要だ。興奮状態のまっ最中、相手に想像以上のダメージを与えてしまい、取り返しがつかなくなることもある。また、格闘技や武道と違って路上での格闘は不測の要素が大きい。思わぬ返り討ちにあってしまうこともある。

三十六計逃げるにしかず。その場から立ち去ることを最優先にすべし！

ここがPOINT！

☑ 正当防衛のハードルは意外と高い。安易に攻撃すると、自分が処罰されることも

☑ まずは逃げることを最優先にすべし。逃げるうえで行ってしまった違法行為に関しては、日本の法律は寛大。法的にはそのほうがトラブルが少ない

☑ やむなく一戦交えるときは、録画などの証拠材料を押さえることを忘れずに

06 アプリで若い子とパパ活してます

【　　売春防止法　　】女性が自分の意思で性の決定を行うことを尊重し、公序良俗に反する性的な接触を禁止する

【児童買春・児童ポルノ禁止法】18歳未満の児童に対して金銭やなんらかの対償と引換に性的関係を持つことを禁じる。違反者は5年以下の懲役、又は300万円以下の罰金

152

個人間の売春なら法律に反していない
ただしプロと18歳未満は違法

——マッチングアプリで出会った若くてカワイイ子と、「パパ活」してる。ところが今日、彼女の親を名乗る者から「お前のやってることは買春行為。警察に訴えてやる！」ってLINEがきた。オレ、逮捕されちゃうの……？

　おっさん世代が若い女の子にお小遣いをあげる代わりに、食事やデートに付き合ってもらう「パパ活」なるものを耳にするようになった。ほめられることとは言いがたいが、金を払って女性とデートをすること自体に違法性があるとは思えない。

　だが、肉体関係に及んだらどうだろうか？　売春に当てはまり、売春防止法の規制に触れるように感じるのではないだろうか。

　結論からいうと、売春にあたるかの判定が難しい。

　たとえば、その女性がお小遣いと引き換えに多数の男性と性的関係を持っているなら、売春防止法に違反する。売春防止法第2条および3条には、以下のような規定がある。

- 売春防止法第2条
  「売春」とは、対償を受け、又は受ける約束で、不特定の相手方と性交することをいう。
- 売春防止法第3条
  何人も、売春をし、又はその相手方となってはならない。

　つまり、マッチングアプリで知りあった女性が不特定多数の男性から金をもらって性的関係を持っているなら、これは立派な売春であり、売春防止法に抵触するのだ。

　不特定多数の男性と金銭を伴う関係を持っているかは出会った女性しか知らないし、正直に話してくれるわけがない。合法のマッチングアプリであっても、金銭を渡して肉体関係を持てば違法行為になりかねない。

18歳未満の女性とのセックスは違法

　女性にあなたとだけ性的関係があったと限られる場合には、金銭をやり取りをしても刑罰が科されることはない。つまり、そのマッチングアプリで知り合った女性の親（らしき人物）が売春防止法を根拠に処罰を求めてきたとしても、それは不可能なのだ。

　それどころか、あなたが「そのようなことを不特定多数の人と行っているのは知らなかった」と抗弁し、そのうえで「脅迫された」と主張すれば、相手のいいがかりを一掃できる可能性が高い（ただし、事情聴取ということで警察へ任意同行というのは、十分ありうる）。

　売春防止法がらみで厄介なのは、性的関係のあるなしよりも、マッチングアプリで知り合った女性が18歳以上であるかという点だ。

　もし、18歳未満であれば、児童買春・児童ポルノ禁止法第2条2項に違反することとなり、逮捕されてしまう。こちらはとても罪が重く、5年以下の懲役もしくは300万円以下の罰金となっている。**事前に女性の身分証を見せてもらうなど、必ず年齢を確認しておくべき**だろう。極端な話、女子高生でも18歳になっていれば法律的には問題ない。

　マッチングアプリ側は、こうした犯罪を予防するため男性にも女性にも身分証明書の提出を求めている。だが、いかんせんオンラインでの登録である。18歳未満の子が親の保険証や運転免許証などを持ち出して登録なんて可能性は、ゼロではない。

　マッチングアプリ等でつき合ってくれる若い子を探すなとは言わない。だが、思わぬトラブルに巻き込まれないか十分に気をつけたほうがよい。そしてあなたがそれなりのポジションにいるのなら、「君子危うきに近寄らず」が一番である。

マッチングアプリで被害にあったら警察へ

　冒頭で紹介した例は、刑法222条が定める「脅迫」にあたり、犯罪である一方、SNSやマッチングアプリは合法なので、あなたに非がないのなら、警察はトラブルに対してきちんと対応してくれる。

　もしトラブルに巻き込まれたら、まずは**加害者からの連絡を遮断**すること。そのうえで現在までの経緯を資料にまとめ、警察へ相談に行くとよい。経済的余力があるなら、事前に弁護士に相談してからのほうがベターだろう。

　反社会的な行為を繰り返している相手なら、あなたの生真面目な部分につけこんで「会社や奥さんにバラすぞ」などと脅かしてくることがある。

　生業のようにこのような行為を行っている悪党なら、ひとたびあなたが弁護士に相談したり警察に連絡すると、足がつくのを恐れて連絡を絶ってしまうこともある。

　実際のところ、連絡を絶たれると、悪党が自分の要求を押し通すには裁判しか方法がなくなる。当然、悪党なら、訴訟を起こすことが自殺行為というのはよくよく分かっているはずだ。

　だからまずは連絡を遮断して、冷静な対応を心がけたほうがよい。

ここがPOINT！

- ☑ パパ活自体は、道徳的には問題はあるものの、法律に抵触し刑罰に問われることはない

- ☑ ただし、18歳未満の女子と関係を持った場合は、児童買春・児童ポルノ禁止法第2条2項に違反し、5年以下の懲役もしくは、300万円以下の罰金となる

- ☑ マッチングアプリなどで知り合った異性から脅迫された場合は、連絡を遮断して警察に相談すること。恥ずかしさにつけこんで、無理難題をふっかけてきた場合は、毅然とした対応を

07 手をつないでラブホ 入ったのにレイプかよ

もう
ラブホにも
イエスノーまくら
置いてほしいっす

ベッドの上までできても
同意の上とは限らんという
ことだ

【 刑法第177条 強制性交等罪 】 13歳未満の男女に性交を行った者を処罰。13歳以上の男女に暴力や脅迫を用いて性交を強制した場合も適用

OKサインを真に受けてはいけない
お楽しみは彼女の「意思表示」のあとで

——最近、付き合いはじめた彼女と、ようやくラブホテルへ。素晴らしいときを過ごせた。ところが1週間後、警察官が自宅にやってきて、レイプの訴えがあったとタイホ。彼女、OKって言ってたんだぜ……。

実はこのようなケースは意外に多い。レイプの被害にあったと主張する女性の8割以上が、親しい男性から被害を受けたと回答しているくらいだ。

男性は、交際している女性ならいつでもセックスをOKしてくれるものと思いがちだからかもしれない。

実際は、**夫婦であってもレイプとして強制性交等罪で逮捕されることがある**。男性の勝手な思い込みのまま女性を振り回していると、とんでもないことになる。よくよく心したほうがいい。

また、飲んだときに女性を口説いてコトに及ぼうとする男性は多い。実はこれ、きわめて危険である。

というのも、**女性が泥酔していたり、きちんとした意思表示できない状態なら、準強制性交等罪で逮捕される可能性が十分あり得る**からだ。

さらには、「ラブホテルについてきたから」「普段と違って露出が多い服を着ていたから」といった理由で、身勝手にセックスOKと解釈する男性も多いが、これは訴えられたら弁解の余地はない。

そのため、女性側にも意思表示してもらうことが肝心だ。途中でも、もし女性がNO！という反応を示したら、すぐにやめるべきである。

そしてもし、女性から「レイプ被害を受けた」と訴えられて、あなたに身に覚えがないのなら、徹底的に争うべきだ。

まずは、当事者同士で絶対に話し合わないこと。電話やメールは遮断し、すぐに弁護士に相談しよう。相手側女性が法的手段を取る可能性は高いし、刑事事件で告訴された場合、あなたひとりでは太刀打ちできない。

身に覚えがあるなら誠意を見せて示談

087ページでも書いたが、自分がやっていないことを証明するのは、「悪魔の証明」と言われるほど難しい。だが、もし本当に身に覚えがないのであれば、女性の話のどこかに矛盾がある。

最近は、性犯罪に対して冤罪が生じないよう、警察や裁判所も慎重に対応するようになっている。警察に拘留されている段階から弁護士と会わせてくれることが多いはずだ。まずは弁護を依頼した弁護士と相談のうえ、被害者の女性の言い分を慎重に精査してほしい。

ちなみに、逮捕されて48時間以内に警察が確固たる証拠があると判断した場合は、身柄は検察庁に送られる（ケースによっては裁判所の許可を得て、さらに警察で取り調べを受けることもある）。

こうなった場合は弁護士との面会を急いだほうがいい。送検されるということは、一定の証拠を発見した可能性が高いからだ。検察官の取り調べは警察の比ではないほど激烈と言われているが、身に覚えがないならば、強い心で断固容疑を否認してほしい。

もし身に覚えがあるなら、弁護士を通じて謝罪し、刑罰を科さないように女性に一筆を書いてもらうしかない。**刑事事件で刑罰を軽くしてもらう方法は、被害者に謝罪して和解したうえで、被害者も処罰を望んでいないことを裁判官に伝えてもらうしかない**のだ。

当然のことながら、示談金を受け取ってもらうこともその方法のひとつだが、被害者の感情を逆なでしないように注意してほしい。

まずは平身低頭して謝ること。「こんなもので気がすむとは決して思ってはいません。大変申し訳ないことをしたが、ほかにお詫びの方法が見つからないので、まずはこれを受け取っていただきたい」という誠意ある姿勢がなによりも大切だ。

「金さえ払えばいいんだろ」といった対応は、火に油を注ぐようなものと心しておきたい。

謝罪の方法を間違えると水の泡に

　もし、あなたに身に覚えがあって、被害者女性に謝罪して和解に持ち込もうとしているのなら、弁護士任せにするか、自分も介在するかはよくよく考えたほうがよい。

　弁護士は、あなたの利益が最大になるように動いてくれる。だが当然、交渉のために被害者に強く出なければならないケースが出てくる。

　被害を受けた人は、心がボロボロに傷ついている。そのような状態の時にしつこく交渉を持ちかけられると、反省の色が見えないように感じてしまい、火に油を注ぐ結果に終わりかねない。

　被害者に和解を求める場合は、弁護士と話し合い、一緒に作戦を考えてもらったほうがいいだろう。

　謝罪と和解といっても、加害者側はカネを払うことぐらいしか被害者を癒す方法はない。当然、こんなことで被害女性の心が慰められるはずはないのだが、法律というのはおかしなもので、**「大金を払うということは、それだけ社会的制裁を受け、それなりの覚悟がないとできるものではない」と裁判所は判断する**。

　レイプ被害の謝罪と和解とは、埋め合わせできない現実と法律との間に開いた抜け道を、体よく利用する行為だと言えるかもしれない。

ここがPOINT!

☑ 女性の意思表示があいまいなまま、性的関係を持たない。男性からすれば同意と思われることでも、女性からすれば強引に関係を持たれたと感じることはめずらしくない。また、酒を飲んでいたりして、明確な意思表示ができないときは、性的関係を持とうとすると準強制性交等罪に問われることもある

☑ 身に覚えがない訴えなら、相手の主張をよく読んで、徹底的に反論したほうがいい

☑ 自分に身に覚えがある場合はとにかく謝罪。そのうえで被害者と和解して減刑を求める

エロいサイトを見て
いたら高額請求された

【 電子消費者契約法
第3条第1項、第2項 】
インターネット上で、事前に料金の説明がない請求や、ボタンを押すと契約が成立などの説明がない場合は、契約の無効を主張することができる

【 特定商取引法
第14条第2項 】
インターネット上での契約を行う際に、利用者が申込み内容の確認や訂正ができるようになっていなければ、契約の無効を主張することができる

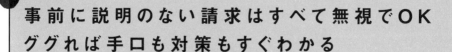

事前に説明のない請求はすべて無視でOK ググれば手口も対策もすぐわかる

——スマホでアダルトサイトを見ていたら、「ご契約ありがとうございます。50万円お支払いください。お支払いのない場合は法的措置をとります」って表示されたんだけど……。

つくづくオトコは情けない。この手のワナには簡単に引っかかる。もっともアダルトサイト自体も、海外にサーバーを置いて摘発を逃れる例も多いと聞く。もとからだまし取るつもりでやっているのだ。

上記の例などかわいいほうで、女性の名前でSNSに登録し、いい感じで関係を深めたあとにアダルトサイトへ誘導するなど、引っかかっても無理はないと思える手口もめずらしくない。

昨今は女性向けのアダルトサイトさえあって、このような高額請求詐欺に引っかかる女性もいるくらいだから、オトコなら誰でも引っかかる可能性があるだろう。

さて、この例のようなケースだが、請求された金額を支払う必要はあるのだろうか？　結論から言うと、一切支払う必要はない。

電子消費者契約法第3条第1項、第2項という法律では、**インターネット上で事前に料金の説明がない請求や、ボタンを押すと契約が成立などの説明がない場合は、契約の無効を主張できる**と定められている。

また特定商取引法第14条2項という法律では、インターネット上で申し込みや契約を行う場合は、申し込み内容の確認や訂正ができるようになっていなければ契約が無効になるとされている。

したがって一切支払いに応じる必要はないのだ。

メールも電話もすべて無視しよう

　こういった悪質サイトにメールアドレスなどの情報を盗まれると、しつこく請求のメールが来る。中には、プロバイダやＩＰアドレスから住所を割り出して訴訟を起こすと脅しをかけてくる悪質な業者もいるほどだ。

　だが、**ほとんどは脅かしだけで、訴訟を実行できるケースはまずない**。

　ＩＰアドレスがわかったからといって、すぐに個人を特定できるわけではないし、プロバイダも容易に身元は開示しない。それでも開示を求める場合は、裁判を行って開示請求を行い、身元を割り出す作業が必要になる。

　これほどの労力は、どう考えても割にあわない。悪質業者にしてみれば、新たな犠牲者を探す方が費用効果はずっと高い。無視を続ければ、ほとんどのケースでトーンダウンする。

　だから、請求があっても、絶対に金銭を支払ってはダメだ。

　万が一電話番号が知られてしまって、電話がかかってきても、着信拒否すればよい。

　それでも脅かしめいたことを言ってくるなら、消費者生活センターや最寄りの警察に相談するとよいだろう。脅迫罪が適用できるケースがあるし、架空請求なら詐欺罪が適用できる。相手はあなたを骨の髄までしゃぶり尽くしに来ている前提で対応しよう。

　こういった業者は、背後に暴力団などの反社会勢力が控えていて、活動資金を吸い上げるために行っていることも多い。警察にしてみれば、反社会勢力を撲滅する絶好のチャンスとなる。好意的に対応してくれるはずで、被害届の提出を求められたら協力姿勢を見せたほうがよい。

　すでにカネを支払ってしまった場合には、警察に被害届を提出することをおすすめする。カネが戻ってくるケースは少ないが、不法請求を行っているアダルトサイトの運営者が逮捕されると、ほぼ間違いなく民事裁判が起こされる。それに被害者として名を連ねれば、被害額の何割かは取り戻せるはずである。

パソコンやスマホに強い人に相談しよう

こういったトラブルが発生したら、**ネットで同じような被害に遭っている人がいないか探してみるとよい**。いくらだます技術が進歩しても、悪質サイトを訪れた全員が引っかかり、カネを払うわけではない。業者は膨大な数の人たちに同じような脅迫を行っているから、その回避方法がアップされる例もまた多い。拍子抜けするほど簡単に、解決策が見つかる。まずはその悪質サイトのサイト名で検索してみてほしい。

もしも、あなただけでは対処が難しいようなら、ひとりで抱え込んではいけない。パソコンやスマホに強い人に相談してウイルス対策ソフトを設定してもらい、問題のサイトをまた閲覧できないようにしてもらうことも可能だ。

このような悪質サイトは、グーグルなどの検索キーワードを工夫してサイトへの訪問を誘導しているだけではない。悪意のある人物がサイトを訪れた人々にウイルスが仕込まれたアプリを秘密裏にインストールし、誘導を図っていることが少なからずあり得る。

この手の技術は日進月歩。やり口はますます巧妙さを増してきている。ネットやSNSで被害報告や対策をチェックし、だまされないようにしてほしい。

ここがPOINT!

☑ アダルトサイトからの身に覚えのない請求は、支払う義務がない。特定商取引法という法律で、明確な表示や説明がないと無効となることが決められている

☑ 実際にお金を振り込んでしまった場合は警察へ。被害届の提出を求められたら、提出したほうがよい

そいつが目クソだとして
お前も鼻クソだぞ

クソにクソと言って
何が悪いんすかね

この法律で身を守れ！

【 民法第**710**条 】
目に見える財産と同じく、名誉や自由も財産であり、不法に
個人の名誉を傷つけた場合は、精神的な損害も賠償請求
できることを保障する

【 刑法第**230**条
名誉毀損罪 】
公然と事実を適示し、事実の有無にかかわらず他人の社
会的評価を低下させた場合に成立。3年以下の懲役もしく
は禁錮または50万円以下の罰金

有名人も名誉やプライバシーは保護される
訴えられたら即和解せよ

——オレ的に最高に気に入らねえのが、俳優のKだ。半年くらいネットで叩き続けてきたら、裁判所から特別送達っていう封書が届いた。Kの所属事務所からのもので、オレを訴えているようだ。マジかよ!?　こんなの有名税ってやつじゃないの?

残念だが、このような言い分はまったく通らない。

民法710条では、名誉や自由は個人の財産と同じと考えられていて、不当に傷つけられた場合には、「精神的な損害など財産以外の被害についても損害賠償を求める権利がある」と規定しているからである。

有名税という言葉にも、実は大きな誤解がある。

有名人が社会的な影響力を持っているのは、その通りである。しかし法律上は、われわれ普通に暮らす人と同じように有名人の名誉やプライバシーが保護されるべきと考えられている。

それでも訴訟が起きなかったのは、裁判を起こしたりすればイメージが悪くなったり、週刊誌などで叩かれかねないからだ。

実は名誉毀損の範囲は意外と広く、まったく悪意はなかったものの結果的に中傷してしまった場合にも、民法上の名誉毀損は成立してしまう。

たとえばツイッターでリツイートという機能がある。ご存じの通り、ほかの人が投稿した内容を拡散し、さらに別の人に閲覧させるための機能だが、これさえも名誉毀損に問われる場合があり得る。

元の投稿が名誉毀損に該当する場合、リツイート機能を使ってほかの人に閲覧させることも同じく名誉毀損に該当する。そんな判決が出ているくらいなのである。

訴状が届いた時点であなたに勝ち目はない

こういったケースで裁判所から訴状が届いたら、どうすればいいのか？

結論から言うと、こちらの非を認めて謝罪し、和解金を支払うしかない。

162ページでも触れたが、インターネットに書き込んだ人間を特定するのは容易ではない。プロバイダにどのような人物が書き込みをしているか開示する請求を出す必要があるが、応じてくれない場合は、裁判を起こすしかないのだ。

ところが**訴状が届いているということは、すでにそのようなプロセスを得て、書き込んだ人物を特定できている状態**だ。これでは逃げようがない。

また、俳優K氏の事務所側は、あなたがアップした内容をスクリーンショットを取るなどして保存しているはず。となると、今さら消しても逃げようがない。いさぎよく謝罪して和解を相談するしかない。

あなたがアップした内容が故意でかつ悪質だという確証が取れれば、損害賠償を求める民法の名誉毀損罪から刑法230条の名誉毀損罪に切り替えて、逮捕などの処罰を求めてくる可能性もある。弁護士を通じて和解金を支払い、手打ちにするのが得策だろう。

このようなトラブルに巻き込まれないためには、第三者の批判を安易にネットに書き込まないことだ。

ちなみに名誉毀損は、書き込んだ内容が真実であっても成立してしまうことがある。だからツイッターでのリツイートも含め、他人が投稿した内容を確証なくほかの人に閲覧させるような行動を取らないことだ。

実際に見聞きしたことであっても、プライベートの範疇に含まれる情報は絶対にネットに書き込まないほうがいい。

ただし、脱税や犯罪など、広く情報を知らせることで公益性が保てると判断される場合は名誉毀損に該当しない場合がある。だがこのような場合は、公的機関に告発することを考えたほうがいい。

メールやLINEが地雷になることも

親しい人のメールや、LINEでのやり取りにも注意が欠かせない。

内輪の会話のつもりが、名誉毀損に該当することがスクリーンショットとともにネットに流出してしまい、結果として名誉毀損として訴えられることもありうるからだ。

よく個人名を伏せたうえで他人の批判を投稿する人がいるが、たとえ伏字であっても見る人が見ればわかるようなら、名誉毀損が成立する場合がある。ネットやSNSは公共の空間であることを強く意識してほしい。たとえて言えば、昔よく見かけた駅の掲示板に、知られてほしくないことや、個人情報を書き込む。そんな行為とたいして違わないものなのだ。

また、SNSなどに投稿したり他人へメールで送る場合は、名誉毀損をはじめとした違法行為に直結しているリスクを認識するべきだ。

写真をネットに投稿する場合は、さらに注意したほうがいい。文字だけの情報なら誰のことを指しているかわからなくても、写真に写っていた背景や建物、一緒にいた人物などで誰かがが特定されてしまうことはよくあることである。

ここがPOINT!

☑ 有名人であっても、安易な中傷や批判は名誉棄損が成立する。また、書き込む内容が事実でも、たとえば「犯罪が今現在行われている」など公益性がある情報でなければ、名誉毀損に該当する

☑ ネットへ情報を書き込むときは、常に法律に違反していないか注意せよ

☑ 確証が持てないなら、他人の批判などは書かないほうが無難。他の人が投稿した批判や中傷の投稿を他の人に閲覧させるような行為でも、名誉毀損となり得る

10 借金がしんどいので 自己破産しようかな

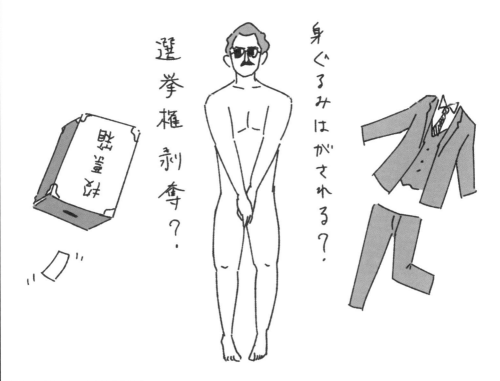

選挙権剥奪？

破産法

身ぐるみはがされる？

この法律で身を守れ！

【 破産法 】 会社（法人）や個人が社会生活を送るうえで、負債（借金）の返済が困難になったとき、裁判所の許可を得て負債の返済を免除することを認めている

168

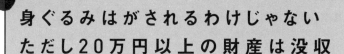

身ぐるみはがされるわけじゃない
ただし20万円以上の財産は没収

——借金がどんどん増えていって、最近では利息を返すのも厳しい。自己破産して借金を免除してもらう方法があるらしいけど、会社に知られるし、年金がもらえなくなったりするんでしょ？

　自己破産には、いいイメージがない。そのせいか、実態とは違ったことが憶測として飛び交っているようだ。自己破産しても年金がもらえなくなったり、選挙権がなくなったりすることもない。

　ざっくり言うと、自己破産とは、破産法に基づいて裁判所に申請、認められると20万円以上の価値がある財産が取り上げられる代わり、借金がチャラになるという制度だ。衣類まで全部取り上げられると大げさに言う人がいるが、**生活に必要な物資は取り上げられない**。携帯電話も今までどおり使えるし、車も査定の評価額が20万円以下ならば、そのまま乗り続けることができる。現金だって、99万円までは生活のために保持することが認められる。

　したがって、**持ち家があるなど高額な資産がある人は引っ越さざるを得ないが、賃貸住まいでさほど収入が多くない人は、借金が消え、生活はむしろ楽になる**のだ。

　手持ちの財産がさほどなく、借金の利息すら支払うのが難しいという状態に陥ってしまったら、自己破産は決して悪い選択ではない。

　ただし、自己破産は無償で行えるわけではない。弁護士に依頼し、裁判所に申し立てを行ってもらう必要があるため有償となる。料金は弁護士によって異なるが、20万円から50万円が相場で、分割での支払いを用意してくれていることが多い。自己破産を決断したら、まずは早く弁護士に相談することが大事だ。

ギャンブルの借金は免除が認められないことも

　借金まみれになった際には、自己破産は強い味方だ。しかし、免除が認められにくい借金もある。

　具体的にはギャンブルによる借金で、免除が認められないことがしばしばある。とはいえ、生活が困窮して命に関わる場合だってあるに違いないから、反省の色を見せて、今後の生活の再建を示せば免除が認められるケースもあるようだ。弁護士に相談したほうがよいだろう。

　また、自己破産しても保証人になってくれている人がいる場合は、保証人に返済を求めるケースが多い。借金の免除が認められるのはあくまで本人のみ。保証人まで免除が認められるわけではないからだ。

　したがって、**自己破産を行う場合には連帯保証人も併せて自己破産することが通例だが、人間関係にヒビが入るのは確実**である。それでも自己破産を選ぶか、あるいは生活を立て直し借金を返済するか冷静に判断してほしい。カネに変えられない信頼関係や人間関係といったものもあるはずだからだ。

　さらに大きなデメリットのひとつとして、信用機関のブラックリストに載ってしまうため、向こう5年間はクレジットカードやキャッシングサービスが利用できなくなる。住宅ローンなどの融資も、向こう10年間受けられなくなる。当然、生活が厳しくなるが、借金体質を正す期間だと割り切るしかないだろう。

　自己破産の手続き中は、就業も制限される。NGな職種は、旅行業者、宅地　建物取引業者、土地家屋調査士、建設業者、不動産鑑定士、生命保険募集人、証券会社外務員、有価証券投資顧問業者、警備業者、質屋、弁護士、司法書士、弁理士、公証人、公認会計士、税理士などの職業である。ただし、ほとんどの職業は自己破産手続きが終了すれば、仕事に復帰できるはずだ。

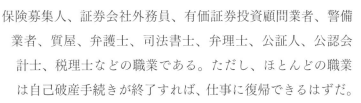

財産を処分されたくないなら個人再生をねらえ

自己破産とよく似た制度で、「個人再生」を紹介しておきたい。一言でいうと、**持ち家などの財産を処分せずに借金の大半を免除してもらい、数年にわたって返済していくことを認めてもらう制度**だ。

破産法を適用すると20万円以上の財産は処分されるが、個人再生ではそれは行われない。また、借金が最大で10分の1まで減らしてもらえるうえに、3年から5年といった長期の返済計画に基づいて無理なく返済できるようになる。

従って、持ち家などの高価な財産を持っている人は、こちらを利用すると有利になる。

ただし、デメリットもある。

自己破産と同じく、信用機関に登録されるため5年間はクレジットカードが使えないし、10年間は新たな住宅ローンなどの融資を金融機関から受けることができない。さらにはこの期間が過ぎ去ってもカードの再発行や融資の再開には審査がより厳格になるうえ、手続きがきわめて煩雑だ。

自己破産にせよ個人再生にせよ、破産手続き処理に強い弁護士を頼ることが大事だ。そのうえで、自己破産と個人再生のメリット・デメリットを冷静に見比べて、あなたに最良の方法を選んでほしい。

ここがPOINT!

☑ 自己破産しても、99万円までの現金と日常生活に必要な財産の保持は認められる。衣類まで没収されるとか選挙権を剥奪されるというのは都市伝説

☑ ただし、20万円以上の財産はもれなく裁判所に没収されるので、持ち家のような高価な財産を持っている人は、個人再生を検討したほうがよい

☑ 自己破産、個人再生とも連帯保証人へ借金の請求が行くので謝罪をきちんと行うこと。保証人が親族や家族の場合は、併せて自己破産しなければならないことが多い

11 | 生活が厳しすぎるので 生活保護を受けようか

この法律で身を守れ！

【生活保護法】 日本国憲法第25条に基づいて、理由に関係なく経済的に困窮している人を生活保護水準（文化的な最低限の生活）を保障する。経済的な扶助だけでなく、医療、子どもの教育、介護などの扶助も盛り込まれている

生活保護は働いていても受給可能
さまざまな補助もありメリットだらけ

——最低賃金ぎりぎりの仕事を3つ掛け持ちしている。親の介護や子ども教育費で生活にゆとりがない。食事だって毎日一回しか取れてない。もう限界。生活保護の申請をしたいけど、ちゃんと対応してもらえるんだろうか？

　生活保護というと、正直言ってよいイメージがない。それはおそらく、おそろしく金に困っている人しか対象にしてもらえないような印象があるからだろう。

　だが実際は違う。**働いている人でも、国が決めた生活保護水準に収入が満ちていない場合には、生活保護制度を利用することができる**のだ。具体的には、生活保護水準の金額（地域や世帯人数で異なる）から働いて得た収入の差額を生活保護費として受け取ることができる。

　ちなみに、東京都新宿区にひとりで住んでいる40歳の人が生活保護を申請した場合、受給できる生活保護費は月額132,930円。同居する家族が多い場合は増額され、中学生の子どもがいる40歳の夫婦の場合、支給される生活保護の総額は235,860円となる。いずれも決して多くはないが、切り詰めれば生活できる金額ではないだろうか。

　最低賃金の仕事をかけもちして身体を壊すくらいなら、生活保護を申請しながら、仕事の見直しをするのが得策だろう。なぜなら、最低賃金程度の給料しかもらえない仕事をかけもちしても、生活にゆとりが出るほどの収入増にはつながりにくいし、税金が控除されるからだ。

　過労で身体を壊す可能性が高くなるから、無理なかけもちはするべきではない。勇気を出して、生活保護申請を行うほうが得策だ。

最大のハードルは家族への扶養照会

生活保護を実際に利用する人が少ないのは、なぜだろうか?

ひとつは、誤解されていることがある。

生活保護を受けると選挙権が剥奪されるといった話を聞くが、選挙権は憲法で保障されている権利なので、そのようなことは絶対にない。

生活保護を受給するデメリットを挙げるとしたら、貯金が認められないことや、旅行などのぜいたくができなくなること、車や持ち家を処分させられる可能性があることくらいだ。

ぜいたくは認められないものの、賃貸住宅の補助金、生活費の補助、子どもがいる場合は学費の補助まで受けられる。病院で治療を受ける必要がある場合は、窓口負担金が必要なくなる(健康保険証はなくなり、医療券が支給される)。メリットのほうがはるかに大きい制度だ。

必要としている人が生活保護にたどり着かない理由として、日本特有の「恥」の文化もある。生活保護を申請すると、原則として役所から親族に、扶養が可能かどうか照会の電話が入る。当然ながら、扶養が可能なら生活保護は下りない。

経済的困窮者の多くは、親族や親しい人との人間関係がこじれていることがめずらしくない。役所の窓口にたどり着いても、親族や親しい人への照会を怖れ、足踏みしてしまう人が多いのだ。

自治体によっては、生活保護の申請を意図的に拒んでいる時代が確かにあった。「水際作戦」と言われ、あきらかに生活に困って申請しに来る人を、専門用語満載で言いくるめてうまく追い返していたのだ。

昨今では、厚生労働省がこのような事態に対して改善指導を通達するようになってきているが、生活保護申請の担当者の対応が不親切で、申請までに至らないことが、今も多いと言われている。

ひと手間で生活保護は確実に受給できる

誤解がないように述べておきたいが、最寄りの役所の生活保護担当のすべての人が、威圧的に申請者に対応しているというわけではない。

経済的に困窮している人はナーバスになっていることが多い。担当者が誤解ないようきちんと伝えようと務めた結果、逆に申請者にとってはプライドを逆なでされ、きつく感じられてしまうのだろう。

役場の窓口でプライドを傷つけられるのは不本意だ、あるいは口頭で申請するのが難しいと思う人は、電子メールかファックスで申請するとよいだろう。方法は簡単だ。

「生活保護法に基づき、生活保護を申請します。なお、申請手続きは●月●日に訪問させていただきますので、よろしくお願いします」と事前に伝えて、自分が指定した日時に役所へ出かけるだけでよい。生活保護申請の意志がある証拠が残ってしまうので、無下には断ることができなくなる。

それでも不安に感じる人は、ネットで生活保護の申請を手伝ってくれる弁護士のボランティアや、地方議員を探し出し、訪ねるとよいだろう。

地方議員は、住民の生活相談を名目に生活保護の申請を手伝っていることがある。**議員が同行すると、自治体の職員の態度が180度変わる**ので、ぜひ試してみてほしい。

ここがPOINT!

- 働いていても、生活保護水準の収入に至っていなければ差額を生活保護費として受給できる

- 貯金が認められなくなったり、持ち家や車を処分することが求められるケースもあるが、経済的に困窮しているときはメリットのほうが大きい

- 口頭で申請するのが困難だと感じたら、メールやファックスで申請するとよい。また、ボランティアで申請を手伝ってくれる弁護士や地方議員がいるので、ネットで探して相談してみるとよい

家庭の問題解決は
話し合いが基本
冷静な態度で臨め

一筋縄ではいかない家庭のトラブル
家庭を分かつ離婚や親権の問題は超複雑

このPARTでは、家庭のトラブルについて解説していこう。

PART1で、「会社は憲法第28条で労働者に自治権が与えられている。それゆえ国や行政機関は積極的に介入する考えが薄い」と書いた。

実は家庭のトラブルにも同じことが言える。家庭は男女二人が結婚してつくる小さな国家のようなものだから、よほどのことがない限り国や行政機関は介入すべきではないという考えが、国の基本的なスタンスなのだ。

家族に外部からトラブルが降りかかった場合はまだいいほうで、行政機関を頼れば解決できることが多い。トラブルで一家が団結して、かえって絆が深まるケースだってあることだろう。

だが、離婚や遺産相続のように家族内で対立した場合はそうはいかない。もちろん、離婚や遺産相続についてのルールは法律で定められているが、お互いが話し合って解決してほしいという考えが大前提にあるため、**「この法律を使えば一発で解決できる」** というケースは、ほとんどない。

だから、まずは話し合い、それで解決できないと裁判に発展するわけである。お金と時間を浪費して解決していくことになるうえに、お互いに消耗してしまう場合がほとんどだ。

こうなってしまうと、どちらも感情的になってしまって、現実的な落としどころよりも、自分の感情が満たされることが優先になってしまいがちだ。そうなって傷つくのは自分たちであり、子どもたちであるはずなのに。

このPARTでは、家族の問題を法律で解決する際に、損害を最小にとどめるための「落としどころ」を考える方法を中心に解説した。

01 突然の離婚宣告は ダメージでかいぜ

【 民法第**763**条 協議離婚 】 夫婦が話し合って合意した場合に離婚できることを保障

【 民法第**770**条 裁判離婚 】 浮気を始め、結婚生活が困難と認められた際に、審判や裁判で離婚を認めることを保障する

離婚を拒否し裁判に発展した場合は
「離婚に相当する理由」の証明が争点になる

——妻から突然「相談したいことがあるの」と真顔で言われた。離婚届に
ハンコをついてくれって……。オレ、離婚しないといけないの？

　日本では、世代でも差はあるものの、3組に1組の夫婦が離婚するとい
われている。ある日突然、妻から三行半を突きつけられるのはありえない
話ではない。

　この場合だが、法律的に離婚は成立するのだろうか？

　離婚は、原則としてお互いが合意しなければ成立はしない。したがって、
妻の希望だけでは離婚は成立しないのだが、**あなたが次のことに心当たり
がある場合は離婚が認められてしまう可能性がある。**

　民法第770条で離婚の申し立てが可能とされるのは、以下の場合である。

　1.配偶者に不貞な行為があったとき

　2.配偶者から悪意で遺棄されたとき

　3.配偶者の生死が3年以上明らかでないとき

　4.配偶者が強度の精神病にかかり、回復の見込みがないとき

　5.その他婚姻を継続し難い重大な事由があるとき

　1.の「不貞行為」とは、他の異性と性的な関係を持つことを言う。こ
れで離婚が認められたとしたら、あなたに浮気の事実があったと認められ
たことになる。

　ただし、肉体関係がなくても、ラブホテルや旅館などで長時間一緒に過
ごしていた場合は不貞行為として認められることがある。

　また、婚姻関係を破壊しかねない内容のメールを、第
三者とやり取りしているなど（愛しているなどの言葉）
の場合も、不貞行為として認められることがある。

　詳細については、103ページを参照してほしい。

やむを得ない理由があれば離婚は可能

　離婚が認められる他の理由を見ていこう。

　3.の「配偶者の生死が3年以上明らかでないとき」は、パートナーが家を出てしまい、3年以上消息不明になったときに離婚を認めるということである。4.の「強度の精神病」は、人格が一変するほどの精神疾患にかかり、回復の見込みがない場合は、離婚が可能ということだ。ただし、治療で回復が期待できる場合は認められない。

　では、2.の「悪意の遺棄」とはなんだろうか？

　これは、夫婦が相互扶助を行っていないことを理由として、離婚を申し立てるものだ。具体的には、生活費を家庭に入れない、配偶者が病気にかかったときに医師の診察を受けさせるなどの保護を行わない、といったことが当てはまる。

　5.の「その他、婚姻を継続し難い重大な事由」も抽象的すぎてわかりにくい。これはさまざまなケースがあって、「これ！」と明確に指名するのは難しい。DVがこの条項に当てはまるという判決もある。

　また、性生活の不一致（セックスレスや性生活の強要）や、配偶者が新興宗教にハマるなどした場合も該当するとして離婚が成立した例がある。

　つまるところ、**どのような理由でもよいのだが、誰が見ても「パートナーがそれじゃ、離婚したくもなるよね」という理由があるなら、離婚が認められるケースがある**ということだ。

　離婚の申し立ては、「調停」と「裁判」があることも知っておきたい。

　調停とは、裁判所が指定した調停委員という専門家を交えて話し合いを行い、離婚について協議することを言う。協議の結果、お互いが合意するなら離婚は成立することになるが、これを「調停離婚」呼んでいる。

　調停が成立しない場合、訴訟を起こして家庭裁判所に離婚の是非を委ねることになる。これは「裁判離婚」と呼ばれている。

結婚後に築いた財産は折半になる

　離婚、特に調停離婚の場合、基本的には夫婦双方の話し合いである。離婚に相当することを証明する証拠がなくても、パートナーの同意と条件面での合意があれば、離婚を成立させるのはそれほど難しいことではない。

　だが、裁判離婚となるとそうはいかない。配偶者が179ページで説明した内容に抵触したことを立証する必要がある。

　離婚訴訟を起こされたほうが結婚生活の継続を望むなら、離婚を望む配偶者の申し立てが事実に反することを証明しなければならない。

　子どもがいるのなら、親権の問題も同時に話し合わなければならない。もしも離婚が成立した場合、結婚してから築いた財産は、夫婦の収入差にかかわらず、基本的に配偶者と折半することが求められる。

　いずれにせよ、早急に弁護士に相談する必要がある。もしくは、一定期間別居して冷却期間を置いてから、再度話し合うのもよいだろう。

　離婚の際にもっとも大切なことは、自分がどのように身を振りたいかである。特に子どもがいる場合は養育費の問題もあるし、相互に子どもに会える機会を設ける必要もあるだろう。

ここがPOINT!

☐ 双方が合意すれば、離婚は簡単

☐ 裁判所に離婚の仲介をしてもらうには「調停（話し合い）」と「裁判」がある

☑ 裁判に発展した場合は証拠集めが欠かせない

この法律で身を守れ！

【 民法
第819条1項 】 協議離婚をする際に、子どもの親権を規定する

【 民法
第819条2項 】 裁判離婚を行う際に、子どもの親権を規定する

経済力と健全な養育環境をアピールできれば
おっさんだって親権を勝ち取れる

——とうとう離婚が成立した。2人の子どもは、ともに妻が引き取るという。オレの子どもでもあるんだぞ！

「親権」という言葉は、誰もが聞いたことがあると思うが、正確なところを知っている人は意外に少ないのではないだろうか。

親権とは、子どもが成人するまでの期間を対象とした権利・義務である。経済行為を行う際に法的な意思表示を代わりに行う「財産管理権」と、社会的な生活を行ううえで心身を守る「身体監護権」の2つを指す。

前者の財産管理権は、その字のとおり子どもの貯金などを管理する権利だ。後者の身体監護権は、住む場所を指定する「居住指定権」、しつけや教育を行う「懲戒権」、未成年の間にアルバイトなどの仕事に就く際に許可を与える「職業許可権」、法律的な契約などを代わりに行う「身分行為の代理権」から成っている。わが子が成人になるまで自分が指定する場所で育て、その間に生じる社会的な契約などを代わりに行う権利と考えて差し支えない。

離婚の際に子どもがいれば、親権が新たな紛争の種になることは少なくない。そもそも、離婚に合意していないから裁判所で調停が計られたり、裁判を行うわけである。自分の血を分けた子どもの親権を争うのは、当然だろう。

親権は、調停（裁判所で調停委員を交えて行う話し合い）では、夫婦2人の協議のうえで決められる。離婚裁判に発展した場合は、裁判所がどちらに親権を引き渡すかを決定する。

お察しのとおり、離婚裁判では事と次第によっては不利な形で離婚させられたうえ、親権を持っていかれてしまうこともあり得るのだ。

子どもを健全に育てられることをアピール

裁判所からわが子の親権を認めてもらうには、一体何が必要なのか？

一般的に裁判所は、**子どもを養育していく経済能力があり、なおかつ子どもの健全な養育にふさわしいと判断される親のほうに親権を引き渡す傾向**がある。

協議離婚もしくは調停の場で親権について話し合い、夫婦双方が納得でき、子どもにとって最良の形になるのが一番だ。

だが、離婚裁判にまで発展、どうしてもわが子を手放したくないのなら、家庭事件に強い弁護士にすぐに相談に乗ってもらおう。そのうえで、自分が健全に子どもを育てられることをアピールしてもらうのだ。

つまり、「妻から見れば自分は至らない存在かもしれないが、父親として子どものことは常に考えてきた。特に、就学や進学といった節目は子どもにしっかりとした教育を行ってきた。子どもも私と暮らしていくことを望んでいる」といった内容の申し立てを考えてもらうわけだ。

また、逆に経済力があることから、裁判所から「仕事が忙しすぎるようだが、子どもの面倒をきちんと見ることができるのか？」といった質問がなされることもあるだろう。

その場合は「離婚を申し立てられたのは、経済的に困窮しないようにという思いが強く、必死に働きすぎて家族を省みることができなかったからだと反省している。今後は仕事を減らし、子どもを立派な社会人になるまで育てていきたい」といった回答をするようにしてほしい。

いずれも、家庭事件に強い弁護士と綿密に打ち合わせをすることが大事だ。また、場合によっては、妻側からの妥協案を飲むことも必要だろう。

子どもに対しては、当事者双方とも醜く言い争う姿だけは見せないよう心がけてほしい。最低限のマナーを守って話し合いをすることだ。

養育費は情に流されてはダメ

　残念ながら親権が取れず、養育費を払うことになった場合は、「自分の子どもだから」と自らの負担を増やしてしまいがちだ。

　もちろん、経済的に力がある人は、気が済む金額を子どもに渡してあげてほしい。だが、昨今ではそうできるほど余裕のある人はそれほど多くないのではなかろうか。

　離婚後もあなたの生活は続く。再婚してまた子どもを授かるケースもあるだろう。そうなったら多額の養育費が一気に負担となることもあり得る。

　だから**一時の情に流されず、無理のない金額を弁護士と決め、渡す約束をしてほしい**。誕生日や進学の際など、別の機会に支援すればいいのだ。生活が行き詰まってしまうような金額を設定するのは得策ではない。養育費にも、年収や子どもの年齢に応じた相場がある。無理をせず、相場を落としどころとした話し合いをしたほうが賢明だ。

　また、元妻が生活のため、できるだけ高い養育費を狙ってくることがあると聞く。自分で絶対に交渉したりはせず、弁護士を通して交渉してもらったほうがいいだろう。

　なお、養育費の値上げの要望があり、それに応じるつもりなら、バーターとして子どもとの面会の機会を増やすこともできるかもしれない。

ここがPOINT!

□ 協議離婚、調停離婚の場合、子どもの親権は2人で話し合って決めることができる。裁判離婚の場合は、裁判所がどちらに親権を渡すかを決める

□ 一般的に裁判所は経済力があるほうに親権を渡す傾向がある。自分が経済力がなくそれでも親権を取りたい場合は、自分が子どもを育てるのに適切なことを弁護士を通じてアピールしてもらう

03 金欠で養育費が払えません

コロナで収入が急降下 減額してもらえるかな…

【改正民事執行法】 元配偶者の口座や給与を差し押さえて、養育費を確保することを簡素化した

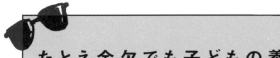

たとえ金欠でも子どもの養育費が優先
元妻と交渉決裂しても減額調停で逆転可能

——離婚が決まって、子どもの親権は元妻のほうへ。実は、約束した養育費が払えなくなりそうなんだよね……。コロナで会社の経営が悪化したのが原因だ。申し訳ないけれど、なんとかならないものか……。

こういった状況はじゅうぶん起こり得るケースだろう。万が一こうなったら、早く手を打ったほうがいい。養育費は子どもが親に20歳まで育ててもらうための権利。借金や不況であなたの経済状態が悪くなったとしても、支払い義務がなくなることはない。**未来ある子どもの権利と将来は、あなたの苦境より優先されるのだ。**

さらにまずいことがある。民事執行法が改正され、このような場合に銀行口座や給料そのものを差し押さえるのが容易になった。一方的に連絡を絶ってしまったりすれば、銀行口座は間違いなく差し押さえられてしまうだろう。

ちなみに養育費の支払いが免除されるのは、「親権を持つ側が支払わなくてもよいと同意した」「あなたが病気で働くことができないような状態になってしまった」「あなたが生活保護を受給するほど生活が困窮してしまった」という場合くらいである。つまりはカツカツの状態でも自活できている限り、養育費の支払い義務はなくならないのだ。

だからこうした場合は、いくら不本意であっても、元妻と連絡を取り、養育費の支払いについて減額や猶予を相談するしかない。

ちなみに、借金や自己破産は養育費の支払いを免除する理由にはならないので、注意が必要だ。

減額調停なら法律のプロが間に入ってくれる

　なんとか元妻と連絡が取れ、事情を理解してもらい、養育費の減額に同意してもらったら、必ず証拠書類を残すことだ。

　ベストの方法は公証役場へ出かけて公正証書を作ってもらう方法だが、面倒だと思うようなら自分で覚え書きを作ろう。

「署名の日時」「減額に同意した内容と具体的な金額」を記載した書面を２通作り、元妻に内筆で署名してもらったらハンコを押してもらう。一部は妻側に、もう一部は自分が保存する。これで解決だ。

　問題は合意に至らなかった場合だが、**一番確実な方法は、弁護士に依頼して裁判所に「減額調停」を申し立ててもらうこと**だろう。

　減額調停は、読んで字のごとく、養育費の支払いを減額してもらうために裁判所の調停委員を交えて話し合う方法である。

　調停委員は法律家がもっとも多いが、医師や公務員ほかさまざまな職業から選抜される。民事事件や家事事件は複雑な事情があることが多いため、民間の意見を取り入れて最良の方法を模索するためだ。

　養育費の支払いも、長期にわたるから支払いが難しくなる場合があり得る。この点は調停委員も理解していて、経済状態悪化の場合には減額を認めてくれるようになっている。

　減額調停でも解決しなかった、つまりは元妻が減額に同意しなかった場合には、裁判所が判断を下す「審判」に移る。あなたの経済状態では慰謝料や養育費を払うのが困難だと認められれば、減額は認められるはずだ。

　以下の状態だと裁判所が判断した場合、養育費の減額が認められる。

1. あなたが再婚し、子どもができるか連れ子を養子縁組した
2. 元妻が再婚した
3. あなたの収入が減った
4. 元妻の収入が増えた

元は妻、穏やかに話し合う姿勢を忘れずに

　最低限、相手に飲ませたい条件だけを設定して、交渉に臨むのもよい方法だ。減額調停は、弁護士に依頼しなくても自分で申し出ることができる。

　メリットは、第三者の客観的な介入があるため、交渉がスムーズに行きやすい点だ。また、裁判所から呼び出しがかかるので、話し合いのテーブルについてもらいやすい。

　もし、元妻が裁判所の再三の呼び出しにもかかわらず調停に出席しようとしない場合、裁判所は話し合いでの解決が不可能だと判断し、審判手続きに移行してあなたの主張を反映した養育費の決定を命じることになる。**話し合いのテーブルについてもらえない場合は、裁判所を頼るのも悪い方法ではない**と思う。

　調停の申し立て自体は特に法律知識はなくても可能だが、元妻と対峙しなければならない。それを避けたい人は、多少のコストはかかるものの弁護士にまるごと依頼するほうがいい。現在までに支払った養育費の総額、そして現在の収入と支出がわかる資料を用意しよう。

　そのうえで、なぜ減額が必要かという理由がわかる、説得力がある資料を弁護士と相談して作成する。あなた以上に減額が必要な理由を知る人はいないのだから、そこは任せきりにすべきではないのだ。

ここがPOINT!

- ☑ 養育費は、子どもが大人になるまで育ててもらうためのお金。借金があろうが免除されることはない
- ☑ 例外として病気で働けない場合や、生活保護を受けている場合などは、免除される場合がある。
- ☑ 民事執行法という法律が改正され、給料や銀行口座を差し押さえることが簡単になった。無視したりしていると、差し押さえをされる可能性があるので、早く元妻に連絡し、減額交渉をすること
- ☑ 話し合いが決裂した場合は、減額調停をするとよい。第三者の目があると客観的な判断がしやすい

いや、法務省の機関にしよう

教育委員会に相談しようかしら

この法律で身を守れ！

【 刑法第204条 傷害罪 】　他人の身体に危害を加えてケガや病気を負わせた際の懲役と罰金を定める。15年以下の懲役または50万円以下の罰金

【 刑法第208条 暴行罪 】　他人をなぐったり、身体に危害を加えた際の罰金や科料を定める。ケガや病気を負った場合は傷害罪になる。2年以下の懲役もしくは30万円以下の罰金もしくは拘留もしくは科料など

学校と教育委員会に期待はするな
法務省人権擁護局と警察を使え

——最近、上の子どもが学校でいじめられているらしいんだ。物を取られたり、殴られたりしているらしい。一体どうしたらいいんだろう……？

　わが子がひどい目に遭わされて、心を痛めない親はいない。大のおとなが子どもの問題に介入すべきかと、悩む人も多かろう。

　結論から言おう。**おとな気なくて構わない。「子どものケンカに親が出るな」と非難されても、決してひるむな。ここは早めに介入すべきだ。**

　いくら子どもといえど、人の物を盗んだり、ケガを負わせるような子を放置しておくようならば、その学校はまともとは言えない。そのような子の親は、自分の子をしつけられない状態になっている。手がつけられないか、放置しているのだ。親がそんな状態であれば、話し合いで解決できないのは目に見えている。

　では、どのように解決を図ればいいのか？

　大事なのは、いじめている子の親とは対峙しないことだ。ほぼ例外なく自分の子がいじめを行っているのを認めないし、仮に認めたところで自分の子をしつけることができない。だからいじめが止まることはない。

　では学校へ相談するのはどうか？

　これも効果は期待できない。いじめっ子は、悪ガキどもを先導するリーダー的存在である場合が多い。そんなリーダーの機嫌を損ねれば、学級崩壊が起き担任教師が責められることになりかねない。

　教師は頼りにならないと思っていたほうがいい。ブラック企業と同じで、世間一般では法律違反の犯罪であるはずなのに、学校や教室の中ではその認識が薄くなっていることが多いのだ。

外部の公権力を巻き込むと学校側も動きだす

では、どのように対処すればもっとも効果的なのか？

コツは、学校の外部機関を利用することだ。いじめが発生した場合、学校は内部で問題を解決しようと、もみ消す方向に動くことが多い。それを外部機関と接触することで、揺さぶりをかけていくわけである。

教育委員会と直接話をすることは、お勧めできない。教育委員会は学校の上部組織で、馴れ合いが生じていることが多いからだ。

事実、東日本大震災の際、福島県から神奈川県横浜市へ転校してきた小学生が、同級生から100万円以上の恐喝を受けていたことが明るみになった。だが、学校と教育委員会は、いじめはなかったと結論付けている。

似たような事例は、枚挙に暇がないほどだ。であれば、**まず相談すべきは、法務省の人権擁護委員**だろう。

人権擁護委員とは、われわれの日常生活のなかで、守られるべき人権が犯されている状態を早期に発見し、改善していくために法務省が設けている機関のことだ。もちろん、いじめにも対応してくれる。

相談を受けると、人権擁護委員は法務局職員とともにいじめの実態を調査し、学校側といじめを行っている子どもの親の双方に働きかけを行う。

これは、労働基準監督署がブラック企業に対処する場合とまったく同じだ。外部から公権力を持った存在が介入してくれば、学校も緊張感を持ち、いじめ問題が解決に向かいやすくなるわけである。

実際、これだけでいじめが解消したケースはいくつも報告されている。

相談も簡単なので、まずは訪ねてみるとよいだろう。

人権擁護委員への相談窓口は、各地方自治体の役所内に設けられていることが多い。自分の地方自治体の名前＋人権擁護委員（たとえば横浜市＋人権擁護委員）というキーワードで検索するとたどり着けるはずだ。「子どもの人権110番」などの電話相談を利用するのもよいだろう。

警察を動かすなら被害届より告訴状

　もし、子どもが身体に被害を受けていたり、物やカネを盗られているなら、迷わず警察に被害届を出したほうがいい。

　いくら子どもの問題であっても、学校の外なら絶対に許されないことをされているわけである。当該児童の親が子どもをしつけられないうえに、学校は無法化した児童を指導できないでいるのだから、ほかにどうやって暴走を止めればいいのか？

　それに、**あなたには自分の子どもを守る権利があり、義務があるのだ。ためらわずに、警察の介入を求めてほしい**。

　警察の介入を求める場合も、PART3で紹介したブラック企業を労働基準監督署に告発するときとスタンスは変わらない。

　つまりは警察も役所なので、証拠がなければ動くことが難しい。

　だからいじめが発生してから現在までの経緯、どのような被害を受けているかをまとめた資料を必ず用意してほしい。

　身体に被害を受けているなら、医師の診断書を取ること。これらの資料をきちんとそろえれば、誰が加害行為に及んだかは必然的に立証できるはずである。

　このように、被害を訴えるには担当の警察署に被害届を出すのがベストだが、ひとつ落とし穴があることは心得ておきたい。

　被害届とは、「捜査をお願いしますが、子どもに加害行為を行った相手を検挙するかは警察の判断に任せます」という趣旨の書類である。「お任せします」なので、**確実に警察を動かし、早くわが子を救いたいのであれば、証拠書類をしっかりまとめて告訴状を提出したほうがいい**。

　告訴状を提出されると、警察は刑事訴訟法に基づいて捜査しなければならない。告訴状のほうが、被害届よりもずっと強力なのである。

　残念ながら、一般市民が告訴状を持参すると受理しようと

しないケースが多々ある。また、書類不備で突き返されることも多い。告訴状による検挙を選ぶなら、作成と警察への提出は弁護士に任せたほうがよい。

問題解決までは、子どもを学校から遠ざける

これらのいずれかの方法を順次使っていけば、いじめの問題は解決に向かうはずだ。もしもいじめっ子の反省の色が強く、今後の再燃がないと思えるし、かつ示談を持ちかけられたのなら、それに応じるのも悪くはない。

だが問題が解決を見るまでは、子どもを無理に当校させることは避け、むしろ積極的に逃げることを教えたほうがよい。

なんの非もないにもかかわらず、逃げなければいけないのは不本意だろう。だが、社会に出ればまったく正論が通じない相手はいるし、逃げるが勝ちというケースはいくらでもある。

いま直面している問題は、「自分の身を守るためには逃げる方法もある」とを教える絶好の機会でもある。お子さんをしっかりと支えてあげてほしい。

さて、時間が経過して、いじめの問題が落ち着いてくれば、親としては学校に行かせない間の学習が心配になってくるはずだ。

ころあいを見て、塾などのオンライン授業や通信教材を利用、勉強が追いつくように指導してあげるといい。子どもが興味を示せば、他の学校へ転校を前提とした見学に行くのもいいだろう。

大のおとなですら、ブラック企業のような環境に放り込まれれば転職を考え始める。社会経験がない子どもが人間関係がよい環境を求めるのは、きわめて当然のことであり、権利であると言ってよい。

ためしに複数の学校を見学してみて、もとの学校に戻るよりも新しい環境のほうが魅力的に見えているようならば、転校を歓迎してあげたほうがいいだろう。

わが子にあなたの「本気」を見せよう

　わが子がいじめられていることが発覚したときに、もっとも大事なのは「おとな気」を捨て、あえて感情的になって問題解決にあたることだ。

　いじめ問題に限らず、被害者に寄り添ううえでもっとも大事なのは、共感と受容である。親であるあなたが「つらい思いをしている」「つらい思いをした」という子どもの感情に寄り添い、理不尽なことを行った相手に対し、なりふり構わず怒る姿勢を示すことがなにより大切だ。

　どんな子どもも、自分の親をもっとも頼れるおとなであると考えている。そのおとながさほど関心を示さず、一緒になって怒ってくれないならば、子どもは見放された気持ちになり、親に対しても心を開かなくなるだろう。

　絶対にしてならないのは、非がいじめっ子でなく子どもあるかのように話すことだ。親からみれば、わが子にも至らない点があり、それが友だちのあいだで摩擦を生んでいるのではと思うこともあるだろう。

　いかなる理由があったとしても、身体に危害を加えたり、金銭や物を盗っていいわけがない。わが子の側に摩擦を生む原因があるとしてもそのことは置いて、まずは被害にあっている子どもに寄り添ってあげるべきだ。

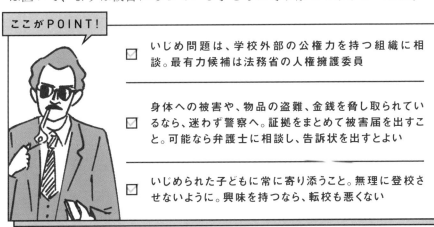

ここがPOINT!

☑ いじめ問題は、学校外部の公権力を持つ組織に相談。最有力候補は法務省の人権擁護委員

☑ 身体への被害や、物品の盗難、金銭を脅し取られているなら、迷わず警察へ。証拠をまとめて被害届を出すこと。可能なら弁護士に相談し、告訴状を出すとよい

☑ いじめられた子どもに常に寄り添うこと。無理に登校させないように。興味を持つなら、転校も悪くない

05 わが子のいじめ加害 何をすればいいものか

この法律で身を守れ！

【 少年法 】
未成年者の刑事処罰に配慮を与え、また、14歳未満の未成年者の刑事処罰を行わないことを定める

【 少年法 第61条 】
少年犯罪の被疑者の個人情報の報道を禁じる。ただし罰則はない

【 刑法第230条 名誉毀損罪 】
事実かどうかに関係なく、意図的に第三者をネットや出版物で誹謗中傷し、名誉を傷つけた者を処罰する。3年以下の懲役もしくは禁錮、もしくは50万円以下の罰金

すみやかに被害者と親に謝罪を
メディア対応が必要なら弁護士に一任すべし

——うちの子どもが、同じクラスの子どもから1年以上カツアゲしていたらしい。思わずぶん殴っちまったけど、それで解決しないのはわかってる。親御さんは、うちの子どもを訴えると言ってるらしいんだ……。

いわゆる非行少年ではなくても、加害者になってしまう例はめずらしくない。朱に交われば赤くなるというが、悪友に強制されて加害者になることもあるし、子どもどうしの感情的なもつれから、このような加害に至ってしまうこともある。

いずれにせよ、わが子がいじめ加害者になってしまった場合、被害者の保護者に面会を申し出、謝罪することが大切だ。

あなたも親ならわかると思うが、いじめ被害者の親は、子どもが非人間的な扱いをされ続けたことに激怒している。まずは菓子折りを持参して、平身低頭することである。

このとき、和解について口にしてはいけない。子どもを罪から逃すため、心にも思っていない謝罪をしにきたと考えられてしまうためだ。

謝罪の面会を受け入れてくれればいいが、門前払いされてしまうこともあるだろう。何度も門前払いされるようなら、それ以上の訪問は相手をいらだたせるだけで、逆効果だ。

まずは手紙で謝罪の意を示し、弁済の申し出をしよう。この場合も、被害者の保護者には、「弁済をすることで怒りが収まるとは決して考えていないが、まずは謝罪の一環として被害を受けたものは弁済したい」という姿勢をとることが大切だ。

それでも、あなたの子どもを刑事事件で訴えるというのなら、弁護士に相談することをすすめたい。

謝罪で話がつかないなら弁護士に相談を

いじめ加害者となったわが子がどれほど反省し、賠償の意志を示しても、手応えがないなら少し焦ったほうがいい。あなたの子どもを許すつもりはまったくないと考えている可能性が高いからだ。

こうした場合は、刑事事件に強い弁護士を探して相談したほうがよい。**刑事告訴されて警察に逮捕された場合、原則として48時間以内に警察の捜査を打ち切らせて釈放してもらわないと、家庭裁判所もしくは検察庁に送られてしまう**。そうなると、**非常に高い確率で有罪にされたり、少年院へ送致されてしまう**からである。それに、加害者からの呼びかけには応じないが、弁護士が出てきたとなると、耳を貸すようになることも多い。

まずは弁護士に、こちらが今回のことでは大変申し訳ないことをしてしまったと考えていることを最優先で伝えてもらう。

もちろん、それで被害を受けた子どもさんや親御さんの気持ちが晴れると思ってはいけない。被害にあった物品や金銭の返還はもちろんだが、謝罪の意味を込めた慰謝料をおさめていただきたいという趣旨の言葉を弁護士に伝えてもらって、交渉してもらうのだ。

交渉に応じてくれて、慰謝料を受け取ってくれたら、基本的にはこれで手打ちになる。話が蒸し返されることがないよう、弁護士が和解の合意事項をまとめた書類を作ってくれるだろう。

問題は、被害者側が加害者側弁護士の呼びかけに応じてくれない場合だ。

刑事告訴は免れない可能性があるから、引き続き和解を呼びかけながら、訴えられたときに備えてほしい。弁護士には常に警察との間に入ってもらい、送検ないし家庭裁判所へ送られないよう計ってもらうこと。

それでも子どもが逮捕されてしまったら、これはもう、一刻を争う事態である。すぐに弁護士に警察署へ行ってもらい、取

り調べに対する今後の対応などを伝えてもらう必要がある。

未成年者の個人情報は報道禁止

　子どもが逮捕された場合、少年法第61条に基づいて、メディアは原則として個人情報を報道できない。

　ただし、この法令は罰則がない。したがって、事件の大きさによっては、子どもの個人情報をマスコミが報道してしまう可能性は十分ある。仮に情報を伏せた形で報道されたとしても、あなたの自宅にメディアが押しかけてくるのは必至だ。**あなたの氏名や自宅住所、勤務先まで、個人情報が流出してしまう可能性は高い**だろう。

　このような場合も、弁護士に対応を依頼したほうがいい。

　刑法第230条の名誉毀損罪が成立する可能性があるし、自宅に押しかけてくれば刑法第130条の住居侵入罪で、メディアを押さえ込むことができる可能性がある。

　報道が過熱しているようなら、弁護士と相談して対応するとよいだろう。具体的には、弁護士を通じて今回の事件について記者会見を行うので、そこでの取材に絞ってほしいとテレビ局や新聞社などに通達を出してもらうのだ。ただし、この間の対応に関しては、素人が自分ひとりで対応できるものではない。弁護士に一任したほうが賢明だ。

　それでもメディアはしつこく追いかけてくるようなら、自宅に帰らず、ホテルなどに宿泊して様子を見るほうがよい。ただし、必ず弁護士に居所を伝えておくこと。

　マスコミ報道されるようになったということは、あなたの面識がない人間が、あなたを知っている状態になったことを意味している。安易に出かけてSNSなどに書き込まれれば、ふたたび所在を特定されてしまう。出かけなければならない場合は、弁護士の指示のもとで動くことだ。

　つらいだろうが、しばらくはこの生活を続けるほうがいい。

メディア対応ではマスコミの挑発に要注意

わが子が重大事件の加害者となり、テレビや週刊誌が押しかけてくるようになった場合、メディア対応にはじゅうぶん慎重になったほうがいい。

メディアは視聴者が見たい情報、つまり、「この親なら、そんなひどいことをする子供が育っても仕方ない」といった構図に当てはまる回答だけを切り取ろうとする。そのため、挑発的な質問をしてきたり、失礼きわまりない対応をしてくるだろう。

そうしてあなたを激怒させ、欲しい映像を撮影する。**あなたの短気は、彼らにとって"美味しい"ごほうびなのだ**。

したがって、絶対に感情的になってはダメだ。基本的には何をいわれても無言を貫くこと。道ばたで取材を申し込まれても会釈するぐらいに留め、素早くその場から立ち去ろう。

また、弁護士が回答を指示した場面以外では、メディアと話してはならない。弁護士が付き添わない場面では、「非道なことを行う子どもを育てた親」という絵を撮るために、しつこい挑発が繰り返される。挑発にのったが最後、さらに叩かれて報道が過熱するから、努めて冷静にしてほしい。

記者からの質問に困ったら、迷わずに席を立ち、どのように回答すべきか弁護士に相談すべきだ。

怒号が飛び交うかもしれないが、それはワナだ。彼らは事実とは反する絵や、「非道な親像」を撮ろうとしているだけであると考えたほうがよい。

非常にきつくてつらい経験だと思うが、1ヵ月もすれば必ずトーンダウンする。視聴者は飽きっぽい。マスコミがニーズに合わないニュースを報じ続けることはない。話題が下火になったと判断したら、彼らは波が引くように取材をやめてしまうだろう。人の噂も七十五日という。実際は七十五日もかかることなく、もとの穏やかな生活が取り戻せるはずだ。

ここは決して短気を起こさず、弁護士と協力して乗り切ってほしい。

子どもの件で解雇を言い渡されたら

　わが子や、家族が刑事事件の被疑者としてメディアで報じられると、職場の対応が心配になると思う。このことが原因で解雇されたり、降格されるのではないかと、大多数の人が心配するはずだ。

　ただ、あなた自身は法に触れることは行っていないわけである。**もしも会社が解雇や降格を言ってきて、あなたはそれを不当だと思うなら、労働組合や弁護士を頼って戦ったほうがいいだろう**。

　もちろん、弁護士に相談してもよいが、すでに子どものことで多額の弁護士費用を使っているのかもしれない。であれば、まずは費用が安くて、復帰後も会社側の圧力に対抗しやすい、労働組合を使うのがベストのように思う。022ページでも触れたが、労働組合は団体交渉権といって、経営者を話し合いの席に強制的につかせる権利がある。解雇や降格を言い渡されたら、加盟して相談するとよい。

　社内に労働組合があればそのまま加盟すればいいが、そうでない場合は、社外の労働組合に加盟することも可能だ。

　昨今では、ほぼすべての労働組合がホームページくらいは持っている。職場に近く、かつ実績が豊富な労働組合を探すとよいだろう。きっと力になってくれるはずだ。

ここがPOINT!

□ 子どもが加害者になった場合は、まずは謝罪。反応がなく刑事事件にされる可能性があるなら、刑事事件の弁護に強い弁護士へ相談すること。告訴されたときのことも考えて対応してもらえる

☑ 子どもが起こした事件がメディアで報道された場合、弁護士と相談して、対応を考えること。彼らの目的は事実を報道することではなく、視聴者が望んだ構図に当てはめた報道をすることだ

06 暴力的なパートナー から逃げられない

この法律で身を守れ！

【 配偶者からの暴力の防止及び被害者の保護等に関する法律 】

男女問わず、配偶者からの暴力を受けることを防止し、また、被害にあっている配偶者を保護する（通称ＤＶ防止法）

【 刑法第204条 傷害罪 】 他者の身体に暴行し、ケガを負わせた場合に問われる。ケガが生じない場合は暴行罪。15年以下の懲役もしくは50万円以下の罰金

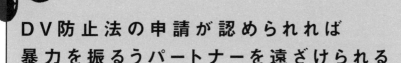

ＤＶ防止法の申請が認められれば
暴力を振るうパートナーを遠ざけられる

——昔からオレ、手グセが悪いんだよね。思いきりぶん殴ったりするわけじゃないよ。それで家庭円満でやってきたんだけどさ、最近カミさんがオレをＤＶ防止法で訴えるとか言い出したんだ……。

昭和を生きたおっさんには、たしかに手グセが悪い人がいた。

注意や愛着の意味で軽くげんこつでコツンとやる人はめずらしくもなかったが、令和の時代には通用しない。野蛮であるだけでなく、ＤＶ防止法で配偶者への暴力を法的に禁止しているからである。

ＤＶ防止法とは、配偶者からの暴力に悩む人を守ることを目的とした法律だ。被害者が専門の相談支援センターに申請すると、暴力をふるう配偶者の帰宅を禁止したり、子どもや配偶者に近づくことを禁止してくれる。

多くは女性が申し立てることが多いが、もちろん女性パートナーの暴力に悩む男性にも適用される。

さらにはこの法律は婚姻関係にある夫婦だけでなく、いわゆる事実婚のカップルにも適用される。つまりほぼすべてのカップル間における暴力行為で被害を受けた場合、暴行罪や傷害罪で告訴できるわけである。

パートナーの暴力に悩む人には心強い法律だが、**この法律は暴力をふるう人を遠ざけるのが目的であって、暴力をふるう人を処罰する法律ではない**。さらには暴行罪や傷害罪の処罰のように、警察へ電話1本で逮捕してもらえるものでもない点には、注意する必要がある。

家庭内は、密室に等しい。外部の人が客観的に見てあなたが被害を受けていることが立証できなければ、心情的にはあなたの力になってあげたくても、警察は動くことができない。被害状況をスマホで録音するなど、客観的な証拠を残すことがきわめて重要だ。

警察と地方裁判所で手続きをしよう

　ＤＶ防止法のもと、暴力をふるう配偶者を遠ざけるには、以下の手順を踏む必要がある。**①警察へ相談する、②普段から配偶者から暴力を受けていることを調書として記録してもらう、③住居を管轄している地方裁判所へ申請する、④裁判所が配偶者から暴力を受けているのが事実だと認めたら保護命令が下される。**そこで初めてこの法律のもと、保護が始まるわけだ。

　裁判所の判断が下りるまでには時間がかかる。それまでの間は警察や支援団体に相談して、シェルターなどで生活するほうが好ましい。

　裁判所が保護命令を下した場合、配偶者には以下の義務が課せられる。

　■ **接近禁止命令**

　被害者が別居している場合、6ヵ月間、被害者の住居に近づいたり、周囲を徘徊することを禁止する処分

　■ **退去命令**

　被害者と加害者が同居している場合、2ヵ月間自宅から退去し、また自宅周辺を徘徊することを禁止する処分

　■ **子の接近禁止命令**

　15歳未満の子どものつきまとい行為を禁止する処分（子どもを連れ去ることで、配偶者に加害を行ったり、子ども自身にも被害が及ぶことを防ぐ）。

　もちろん、実際に暴行されたり、加害を受けた場合は、それぞれ暴行罪や傷害罪が適用される。

　ＤＶ防止法で保護を求める人は、配偶者が逮捕されても同様の暴力を繰り返し受けることが多く、それでも諸事情のもと、離婚できずに暴力を受け続ける傾向があった。同法はそのような人をサポートする強力な法律となっている。

　ただし、まだ根本的な問題解決には至っていない。頑張って周囲に助けを求めて欲しい。

DV防止法は離婚への第一歩

「配偶者からひどい目に遭わされてるのなら、とっとと離婚すればいいのに――」。おそらく大勢の人がそう言うに違いない。

　たしかに、離婚は簡単ではない。しかし、DV防止法の申請が認められて保護命令が下されれば、離婚への一歩を踏み出したと言っていいだろう。

　裁判を起こして暴力配偶者から離婚できたとしても、相当の費用がかかる。子どもがいれば、養育費や学校の問題などさらにハードルは上がるだろう。

　前ページで見たとおり、DV防止法は適用を受けるのは簡単ではないが、サポートが手厚い。警察を始め、被害者の実情をよく知ったさまざまな団体が心身ともにサポートしてくれるのだ。だから**気後れせずに相談してみることを強くすすめる**。

　配偶者を遠ざける命令が下るまで寝泊りさせてくれるシェルターを用意している支援団体もあるし、経済的問題を含めた生活全般のことなら、お住まいの市区町村の生活支援課へ相談してみるとよい。

　ワンストップで支援してくれる窓口が少ないのが難点だが、それぞれの悩みについて的確なサポートをしてくれる窓口は、ネットで「DV支援」「DV相談」などで探せば簡単に見つかるはずである

ここがPOINT!

☑ 暴力を繰り返す配偶者を自宅や自分から遠ざけるために、DV防止法という法律がある

☑ 警察に相談したあと、地方裁判所に申請しなければならないが、離婚が難しい場合は、安定した生活を得る方法としてどんどん活用したほうがよい

☑ もし暴力を受けたら、すぐに警察へ。暴行罪、傷害罪で逮捕が可能だ

オレ親の介護をしたし
多めに相続できるよね

この法律で身を守れ！

【 民法
第882条～第940条 】 遺産相続、遺産の放棄など、遺産を相続する際
の様々なケースをジャッジ

相続は血縁と遺言状に従うが
故人への寄与があれば増額もありうる

——ついにオヤジが逝った。問題は相続だけど、オヤジを最期まで介護したオレと妻は、遺産を多めに分けてもらってもバチは当たらないと思うんだよ。兄貴たちは、均等に分ける気満々だけど……。

故人の遺産相続については、民法という法律の中で細かく定められている。民法とは、生活の中でトラブルに発展しそうなことの解決や、個人の権利について規定している法律だ。上記のケースを民法を通してみよう。

遺言書がない遺産相続の場合、**妻と自動的に直系尊属と言われる「子」から始まって、「父母」「兄弟姉妹」の順番で遺産が分配**される。この例で仮に兄弟が4人いるとすれば、遺言書がない場合、遺産は母親が1／2、兄弟は一人あたり1/8となる。

ただし例外はある。非行がひどい親族に、故人が「遺産を相続させたくない」と考えていることが遺言書に書かれている場合などである。他の相続人が家庭裁判所にその旨を訴えて認められた場合には、その人物は遺産相続が受けられない。これを民法では「廃除」と言っている。また、遺言書で他人へ相続させることが明記されていた場合に、それも認められる。

このように遺言書があれば故人の意志はある程度通すことができるが、血縁がある者にまったく遺産相続をさせないことは認められない。

民法で規定された範囲の親族は、一定の割合の相続財産を受け取ることができる。これを「遺留分」という。

また、相続財産を受け取る権利が生じる血縁者が死亡していた場合、その人物からもっとも近い血縁者が相続権を得ることになっている。これを代襲相続と呼んでいる。

親の面倒を多く見た者ほど多く相続できる

つまるところ遺産相続というのは、血縁が近い者の順番に公平に配分されるのが原則で、遺言書があれば、他人に遺産相続させたり、血縁者に遺産相続させることをやめさせることが可能というわけだ。

相続には「寄与」という考えがあり、故人が生活するうえで介護などのサポートをしていた場合などは、遺産を多くもらう主張をすることが認められているのだ。

ただし、無条件で多くもらえるのは、法的に有効な遺言書が存在する場合だけである。法的に有効な遺言書とは次のようなものだ。

1.肉筆で書かれて自署捺印されているもの

2.公証人が立ちあって作成した公正証書として作成されたもの

故人が肉筆でしたためた遺言書（自筆遺言書）は家庭裁判所で開封してもらい、寄与を認める内容が書いてあるか確認してもらう必要がある。

公正証書の遺言書は、公証人が立ち会ったことで真正（本物であること）を保証されている。遺言書に寄与分が認められる記述があるなら、遺産を多くもらえる。

この人の場合は、どうなるのだろうか？

遺言書が存在しないと仮定して話を進めたい。

ほかの兄弟より遺産相続が多く認められる「寄与」が認められるのは、以下のすべての条件を満たしている場合だけだ。

- **介護の報酬が発生していないこと（無償性）**
- **1年以上の長期間介護を行ってきたこと（継続性）**
- **片手間に介護を行っていないこと（専従性）**

この3条件を満たしていたら、寄与分だけ遺産を多くもらえる。

もしも話がまとまらないようなら、裁判所に「遺産分割調停」を申し立てよう。

相続で争う間に相続税が追いかけてくる

　実際の遺産相続では、土地ほかの不動産や美術品など、資産価値がわかりにくいものもある。

　こうした事情で遺産相続の際には、遺産の評価額がわかるまでに時間がかかることも多い。また遺言書がなければ遺産分割協議で揉めることになりやすい。

　納得がいくまで話し合えればいいが、相続税の納税期限は、故人の死後10ヵ月しかない。しかも、相続税は相続額にもよるが10〜55パーセントと、かなり税率が高いのだ。

　それを考えれば、遺産相続でもたついている場合ではないのだ。**あまりにも時間がかかるようで、相続額が少ないようなら、相続税を回避する目的で相続放棄という手もある**。

　また、実は借金も遺産なので、もし遺産を相続をすると宣言したら、借金も引き継ぐことになるのだ。借金のほうが資産より多いようなら、相続放棄をしたほうがよい場合もある。

　ちなみに相続放棄の期限は、相続の開始を知った時から3ヵ月以内と法律で決められている。放棄の場合は弁護士に依頼して、適切に行ってもらうことをお勧めする。

ここがPOINT!

- ☑ 遺言書がない遺産相続は、血縁が近い順に相続する

- ☑ 遺産相続は、原則として公平に分配だが、故人が特定の血縁者に多く分配したり、非行に走った血縁者に遺産相続を行わせないなども可能

- ☑ 故人の面倒を見ていた場合、自分が少し多くもらうことは可能。ただし、遺産分割協議でもめた場合は、裁判所に委ねないと解決を見ないことが多い

- ☑ 遺産相続では借金も相続しなければならない

トラブル解消って、どんなふうに進行するの？

ここからは、トラブル解消とその流れや、気になる弁護士費用、頼れる行政窓口等々を紹介しよう。

警察が介入しない裁判（民事事件）は、基本的にどれも同じ流れ

　法律上のトラブルは、大きく分けて「刑事事件」と「民事事件」に分かれる。

　刑事事件は犯罪にまつわるトラブル、民事事件はわれわれの生活やビジネスのうえで起こるトラブルのことである。金銭トラブルや不倫問題などが後者にあたる。ざっくり考えて、警察に捕まる要素がないトラブルは、民事事件と考えてもよいだろう。

　裁判を起こせば、裁判所が訴えと証拠に基づいて、是非を決めてくれる。

　だが、日本の法律は、罪に問われない問題については、たとえ法律違反であっても「可能なら、双方がテーブルについて話し合いで解決しなさい」という考えを支持している。

　このような考え方から、時と場合によっては、裁判所が仲介する形での話し合い（調停）を勧められることがある。

　この点が刑事事件での裁判との大きな違いといえる。

　では、民事事件の解決までの流れから見ていこう。

まずは相手への警告からスタート

金銭問題や不倫問題など、なんらかの民事事件が起きれば、まずは相手に謝罪と賠償に応じるよう警告が行われる。よく使われるのが内容証明郵便で、裁判所の判決文のような法的な拘束力はないが、**いつ誰が誰に対してどのような手紙を出したかを公に証明できる。法律上の証拠を残すことができる**上に安価なため、よく使われている。

調停と審判についても知っておきたい。

離婚問題など、裁判所が一方的に判断するよりも、当事者どうしで話し合って解決したほうがよいと判断される事件の場合は、調停という制度を勧められることがある。簡単に言うと、裁判所の職員を交えての話し合いのことで、調停委員という専門家を交え解決のための話し合いを行う。

無事に解決できた場合はよいが、解決しなかった場合は審判に移行、すなわち裁判所が問題解決のための判断を下すことになる。

裁判は問題解決の最終手段

これまで見てきた内容証明郵便による相手への警告や、調停などのプロセスは、必ず行わなければならないわけではない。

いきなり裁判を提起することもできるが、費用がかかる。そのため、まずは**警告を行って、解決できそうか様子を見ることがほとんど**だ。

民事事件の裁判は刑事事件と違い、相手を処罰することが目的ではない。賠償金の支払いや謝罪などの命令を求めていることがほとんどだ。

そのため、訴えられた側が裁判所の判決を不服と思えば、高等裁判所、最高裁判所といった上級裁判所へ再度裁判を求めることができる。これを上訴という。つまり、地方裁判所に裁判を提起した場合、計2回裁判のやり直しを求めることができるわけだ。最終的に、裁判所の判決（判断）が確定すると、判決を根拠に裁判所から賠償金の支払い命令などが下される。

国が罪を犯した者を裁くのが刑事裁判
民事裁判と違って話し合いがない

　一方、刑事事件はその名のとおり、罪を犯した疑いがある人物を処罰するかを争うものだ。そのため、民事事件とは違って裁判所が話し合いを勧めることはない。捜査機関（警察・検察）が捜査を行った後、裁判所が罪の有無や刑罰の軽重を決めるわけで、以下の流れで裁判が進行していく。

①警察署による逮捕と取り調べ

　警察署が、罪を犯した疑いがある者を拘束して取り調べるのは次の時だ。

- 犯罪行為を行っていた者を警察官が取り押さえたとき（現行犯逮捕）
- 警察が事前に捜査を行って、裁判所から逮捕状が発行された場合で、罪を犯した疑いがある者が逃走したり、証拠隠滅を図るおそれがあると考えられる場合

　警察は48時間以内に、証拠をそろえて罪を犯した疑いがある者を検察庁に送る必要がある。それができない場合は、釈放しなければならない。

②検察庁による取り調べ

　48時間以内の取り調べで罪を犯した可能性が高いと判断されると、身柄が検察庁へ移されて取り調べが行われる。

　本来は、警察・検察併せて72時間以内に捜査を終わらせ、刑事裁判を起こすかどうかを判断しなければならない。だが、通常72時間で捜査が終わることはないため、ほとんどの場合、検察官は罪を犯した者の身柄を引き続き拘束して、裁判所に捜査の延長を求める。これを勾留という。

　裁判所が勾留を認めると、最大20日間身柄を拘束されて取り調べが行われる。ただし、検察官が「逃亡の恐れがない」「証拠隠滅の恐れがない」と判断した場合は、自宅に帰されて、捜査が続行することもある。

③罪が軽ければ略式起訴に応じよう

　罪が軽く、釈放しても逃亡の恐れがないと判断される場合は、略式起訴が検討されることがある。略式起訴は罪を犯したことを認めて裁判を起こしてもらうため、罪が確定することになる。だが、罰金刑などの軽い罪で

終わることがほとんど。そのため軽い罪を犯した疑いがある者が応じることが多い。

④罪の可能性が高ければ刑事裁判に

検察官が捜査を進めた後、罪を犯した可能性が高いと判断した場合は、裁判所に刑事裁判を提起する。

刑事裁判を提起できるのは原則として検察官だけである。起訴された後は、裁判所の判断によって、有罪かどうか、有罪ならばどの程度の刑罰になるかが決められる。

なお、刑事裁判の結果に不服がある場合、高等裁判所、最高裁判所と計2回裁判のやり直しを求めることができる。この点は民事裁判と同じだ。

Q ❷ 弁護士って、どうやって探したらいいの？

A 警察が介入しない裁判（民事事件）は、基本的にどれも同じ流れ

弁護士を探すときに悩むのは、以下の2つだろう。

- 料金がどれくらいかかるのかわかりにくい
- 自分が巻き込まれたトラブルに強い弁護士を探しにくい

弁護士は健康保険制度のような全国一律の料金体系ではない。弁護士が自分の裁量で報酬を決めることができるため、どれくらいの費用が必要になるのかがわかりにくいのだ。これについては215ページで解説するが、もっと大変なのが、自分が巻き込まれたトラブルに強い弁護士を探すこと

だろう。

　弁護士は広告表現について規制を受けるため、得意な事件についてあまり派手な広告をすることができない。そのため、ベストの答えを出してくれそうな弁護士を探しにくいというのが現状だ。

　とはいえ弁護士を探すコツはある。以下の解説を参考にしてほしい。

■ 特定の問題を扱っている弁護団などに加盟している弁護士を選ぶ

　たとえば日本労働弁護団のように、特定の問題を解決するために結成された弁護団がある。当然、加盟している弁護士は労働問題のトラブルに強い。「トラブルの名前＋弁護団」で検索をかけて弁護団が見つかれば、その弁護団に加盟している弁護士にコンタクトを取ってみるのもよい。

■ ホームページのわかりやすさで選ぶ

「自分が巻き込まれているトラブル＋弁護士」といったキーワードで検索をかけると、相当数の弁護士のホームページが表示されると思う。

　そのトラブルに法律がどう関係しているのか、訴訟などの具体的な解決方法は、など非常に詳しく発信している弁護士も多い。それらを読んでみて、理解しやすい解説をしている弁護士は、あなたにとってよい弁護士と言える。理解しやすいということは、コミュニケーションが図りやすい弁護士ということだからだ。

■ 法律相談を受けてみて判断する

　当然、ネットや口コミだけの情報で判断できないことも多いだろう。

　そのときは、**法律相談を受けてみて、「問題を解決できそうな弁護士かどうか？」「自分の意向を最大限組むコミュニケーションをしたうえで弁護を進めてくれる弁護士か？」**を検討してみるとよい。

　ほとんどの弁護士が30分で5000円程度の料金で法律相談を受け付けている。もし、難しいと感じるようなら、ほかの弁護士に相談すればよい。

　軽いトラブルなら、法律相談だけで、解決方法が見つかってしまうことがある。また、弁護を依頼するにしても、実際に面談して話すことで料金の総額が正確に割り出せるから安心だ。

③ どれだけかかるの？
弁護費用

相談費用30分5000円、
着手金20〜50万円が相場

弁護士に相談しなければならなくなったときに、もっとも気になるのが費用だろう。弁護士費用は病院の健康保険診療と違って全国一律ではない。とはいえ、やはり相場というものはある。

大多数の弁護士が以下のような料金体系を採用しているから、おおよその目安は自分で計算できるのではないだろうか。

■ 法律相談費用

最初の相談として、多くの弁護士が30分5000円程度の金額を設定している。もちろん、相談だけというのも可能だ。簡単なトラブルなら弁護士に解決方法を相談し、自分で動く方法もある。

専門的な知識が必要なトラブルで、自分では解決が難しいようなら弁護士に動いてもらうことになるが、その場合は、以下の費用が必要となる。

■ 着手金

弁護士に介入してもらって、問題解決を行ってもらう際の開始時に支払うお金。問題が解決するかどうかは別に、弁護士に支払う報酬だ。

事件の内容にもよるが、20万円〜50万円程度のことが多い。

■ 成功報酬

弁護士が介入して問題解決を図り、成功した場合に支払う費用のことをいう。賠償請求なら回収したお金の5〜15パーセント前後を報酬に設定す

る弁護士が多い。また、刑事事件などのお金を取り返す趣旨の事件ではない場合、50万円以上の料金が設定されることが大多数だ。

■ **裁判費用交通費などの実費**

裁判を起こす際に裁判所に納付する印紙費用や、交通費など。

つまり、弁護士に依頼した場合の総額は、「相談費用」+「着手金」+「成功報酬」+「実費」になるわけで、弁護士に介入してもらう時点で、少なくとも50万円程度のお金が必要になるわけだ。現実的には交渉や裁判がすんなり成功して解決したとしても、100万円以上の出費になるだろう。

弁護士に依頼すべきか悩んだ場合は、「100万円払って解決すべきトラブルか」ということを考えてみるよいだろう。

損害賠償などで被害額が少なければ、取り返せるお金は弁護士費用より少ない。仮に問題が解決しても、多額のお金を持ち出すことになる。

怒りの感情に流されず、このように費用対効果で冷静に考えたほうが後々後悔しないことが多い。

Q4 労働組合のサポートを受けたいけれど、どうやって探せばいいの?

A 社内に労働組合がある場合はまずそちらを最優先

労働組合は、憲法第28条と労働組合法で保障された、労働者が自衛するための団体だ。正社員が減った今、社内に労働組合が存在する会社は全国で20パーセントまで落ち込んでいる。したがっ

てほとんどの人が社外の労働組合を探してサポートを受けることになるのだが、それぞれ特徴がある。

■ もっとも強力な「連合」「全労連」などの全国組織

社外の労働組合に加盟する場合、ファーストチョイスとして検討するのは、「連合」や「全労連」などの全国組織だ。

これらの全国組織は複数の労働組合が多数傘下にあるため、ナショナルセンターとも呼ばれる。政府に提言できるほどの影響力を持っているうえに、各地方の労働組合や、産業別労組（同業種の複数の会社で労働組合を結成したもの）などとも、つながりがある。

傘下の労働組合が非常に多いため、あなたをサポートしてくれる近場の労働組合を紹介してくれるだろう。また、会社でのトラブルについて相談できる制度をさまざまな形で用意してくれている。

■ 産業別労働組合や近場の単立労働組合

もちろんほかにも労働組合はたくさん存在していて、働く人のサポートを行っている。あなたの会社と同じ仕事をしている会社が集まった産業別労組は探しやすいだろうし、仕事の内部事情を理解してもらいやすい。

労働組合は２名以上の人がいれば簡単に設立できる。極端なことを言えば、組合の規約を作って、労働組合だと名乗るだけでも法律上は労働組合として認められる。近場の小さな労働組合に参加して、お互いにサポートして問題解決を図るのも悪くない。非常に大変だが、今後会社からのハラスメントに対して対峙する力が必然的に身につく。

■ 政治色があまりにも強い労働組合は避ける

労働組合は、会社の代表を話し合いの席に強制的につかせたり、職場を放棄して会社に交渉を飲ませることができる強力な権利が与えられている。それを逆手にとって、会社に嫌がらせに等しい行為を行う労働組合がある。ネットで検索してあまりにも過激な行動をしている労働組合とは距離をおいたほうがよいだろう。

Q
5 自分で告訴を考えています。告訴状の作り方を教えて！

A
労働基準監督署や警察への提訴は口頭でもできるが、告訴状などの書類を提出できればなおベスト

給料未払いやパワハラなどのトラブルに巻き込まれた場合、労働基準監督署へ訴えて会社を処罰してもらえることを説明した（053・081ページ参照）。

刑事訴訟法では、口頭で告訴することが認められているからだ。

だが、労働基準監督署も警察も役所。やはりハンコを押した書類を提出したほうが強い。

ここでは、労働基準監督署に対して、刑事処罰を求める告訴状と、残業代未払いなどの指導を依頼する是正申告の文例を用意した。

ちなみに、労働基準監督署への告訴の文例の「特別司法警察員を司法警察員」に、「労働基準監督署長」を、あなたの住所を管轄している警察署の警察署長に書き換えれば、警察への告訴状として使える。

「告訴状」と「是正指導申し立て申請書」の文章例

アドバイス FOR おっさん

告 訴 状

特別司法警察員
（会社の管轄労働基準監督署の名前）労働基準監督
署署長 殿

告訴人 ─────────

（あなたの名前と住所 氏名欄に捺印を忘れずに）

住所　〒
　　　　　　　　都・道・府・県

氏名　　　　　　　　　　印

生年月日　昭和・平成　　　年　　　月　　　日
電話番号

被告訴人 ─────────

氏名　　　　（会社の社長や上司の氏名）
事業所住所　（会社の所在地住所）
電話番号　　（会社の代表電話番号）

違反の事実 ─────────

労働基準法第●●条
労働安全衛生法第●●条
最低賃金法第●●条
（被害がどの法律に違反するかを記入）

告訴事実 ─────────

（どのような被害が生じているのか、完結に記入。できれ
ばトラブル発生から時系列に簡単にまとめる）

**告訴人は,本件に関し,以後捜査に関して全
面的な協力をすること,および,捜査機関の指
示ないし許可なく取下げをしないことを,お約
束致します。なお、告訴の証拠となる資料は
保存しているため、本状とは別途提示・口頭
での説明を行います。**　　　　　　以上

是 正 指 導 申 し 立 て 申 請 書

特別司法警察員
（会社の管轄労働基準監督署の名前）労働基準監督
署署長 殿

申請者氏名（氏名に捺印を忘れずに）─────

住所　〒
　　　　　　　　都・道・府・県

氏名　　　　　　　　　　印

生年月日　昭和・平成　　　年　　　月　　　日
電話番号

是正指導対象者 ─────────

氏名　　　　（会社の社長や上司の氏名）
事業所住所　（会社の所在地住所）
電話番号　　（会社の代表電話番号）

是正指導の趣旨 ─────────

（ここに、会社が違反している法律を記入。分からなけれ
ば、どのような被害に遭っているかを完結に書く）

是正指導が必要な事実 ─────────

（ここに残業代未払いなどの労働基準監督書に会社を指
導してほしい行為を書く）

**是正対象者が行った行為は、法令に違反す
ることはもちろん、労働者の生活を著しく脅か
すものである。労働基準法等に基づいて是
正指導を行っていただきたい。なお、是正指
導が必要となる証拠資料は保存しているた
め、本状とは別途提示・口頭での説明を行い
たい。**　　　　　　以上

Q
6 著作権について
知っておきたい

A
まずはCRICのサイトを
のぞいてみることをおすすめする

CRIC(Copyright Research and Information Center)は、著作権の正しい認識や法知識についての普及啓発をはじめ、制度の改善や適切な運用のための調査研究を行っている公益法人。以前は文部科学省の所管だったこともあり、もっとも中立かつ、最新の情報が入手できる。

著作権がよくわかる参考図書一覧

『著作権法入門(2020-2021)』
文化庁 著

『そこが知りたい著作権Q&A100-CRIC著作権相談室から-(第2版)』
早稲田祐美子 著 著作権情報センター刊

『インターネットビジネスの著作権とルール(第2版)』(エンタテインメントと著作権-初歩から実践まで-5)
福井健策,池村聡,杉本誠司,増田雅史 著
著作権情報センター刊

『よくわかる音楽著作権ビジネス 基礎編 5th Edition』
安藤和宏 著 リットーミュージック刊

『弁護士で作曲家の高木啓成がやさしく教える 音楽・動画クリエイターの権利とルール』
高木啓成 著 日本加除出版刊

『すぐに役立つ 著作権のしくみとトラブル解決実践マニュアル』
梅原ゆかり,尾込平一郎 監修 三修社刊

『デザイナーのための著作権ガイド』
(書籍・電子書籍版)
赤田繁夫,上野善弘,大井法子,久野寧子 著 パイ インターナショナル刊

『写真の撮影・利用をめぐる紛争と法理——肖像権、著作権、著作者人格権、パブリシティ、プライバシー、名誉毀損等の判例——』
升田純 著 民事法研究会刊

Q⑦ 困ったときに役立つ、WEBサイトを教えて！

A 行政や半公的機関のサイトは いざというときに役立つ情報の宝庫だ

■ 法テラス

法的トラブルに遭遇している人へ、裁判費用の扶助などのサポートを行う団体

■ 公正取締委員会

企業間パワハラともいえる独占禁止法違反トラブルの際に役に立つ

■ 人権擁護局

子どものいじめ問題をはじめ、人権に関する相談を受け付ける

民間機関のHPものぞいてみるべし！

■ 日本弁護士連合会

最寄りの弁護士会の情報のほか、各種相談窓口も紹介も

日本労働弁護団	労働問題のトラブルに特化した、働く人の相談を受け付ける弁護士の団体
日本労働組合総連合会（連合）	日本最大の労働組合のひとつ。労働トラブルの相談・組合加盟の案内
全国労働組合総連合（全労連）	同じく日本最大の労働組合の一つ。労働トラブルの相談・組合加盟の案内
社会福祉法人全国社会福祉協議会	貧困問題や福祉問題など、生活にまつわる問題を相談・サポートする団体
全日本民医連	経済状態が困窮している方に対して無償・低額診療を行う医師団体

『おっさんず六法』は世知辛い世の中を生き抜いていくための必須アイテムだ

監修のことば

　法律というものは自然科学ではなく人間が作ったものなので、法律を理解した者ならば、実は、時間をかけて難しい言葉を使えば、誰にだって解説できるんですよ。

　でもこれが「分かりやすく」となると全然話が違ってきます。

　さらに「おもしろく」となると、普通の人にはまずムリです。

　私も、よくネットニュースの配信会社から依頼されて法律問題がからむ時事ネタなんかを解説するんですけど、それはそれで「このような場合、法律的にはどうなのか?」という解説なのでおもしろおかしく書かせてもらっています。

　しかし「法律そのもの」の解説は、松沢さんのようなセンスがないと「分かりやすく」も「おもしろく」もできないんでしょうね。

　本書を出版されるにあたり、法律家の監修を受けたいということで、何度かお仕事でご一緒したこともある私のところに監修の依頼が来まして、「松沢さんの本ならば」と、お受けしました。

　松沢さんの説明には、「こういうことを伝えたい」という強い意思があり、"なるほど"と思うところがありました。一方で、法律家の目で見たときに、「これはちょっと違う」と指摘せざるを得ないところもあり、そこは最終稿で反映していただいております。

　労働組合の幹部を務められていた松沢さんらしく、労働者側にとっては